新时代市场营销专业技能养成研究

王立会◎著

中国原子能出版社

图书在版编目（CIP）数据

新时代市场营销专业技能养成研究 / 王立会著. --
北京：中国原子能出版社，2023.7

ISBN 978-7-5221-2875-7

Ⅰ . ①新… Ⅱ . ①王… Ⅲ . ①市场营销–人才培养–
研究 Ⅳ . ①F713.50

中国国家版本馆 CIP 数据核字（2023）第 145261 号

新时代市场营销专业技能养成研究

出版发行	中国原子能出版社（北京市海淀区阜成路 43 号　100048）
责任编辑	杨晓宇
责任印制	赵　明
印　　刷	北京天恒嘉业印刷有限公司
经　　销	全国新华书店
开　　本	787 mm×1092 mm　1/16
印　　张	11.75
字　　数	215 千字
版　　次	2023 年 7 月第 1 版　2023 年 7 月第 1 次印刷
书　　号	ISBN 978-7-5221-2875-7　　　**定　价　72.00 元**

作者简介

王立会　女，中共党员，汉族。毕业于河北经贸大学，管理学硕士。现为河北正定师范高等专科学校经济系网络营销与直播电商专业带头人，1+X 直播电商职业技能等级证书考评员，人力资源师技师。

主要教授网络营销与直播电商专业和市场营销专业核心课程。主持河北省人力资源与社会保障厅科研项目"乡村振兴战略背景下直播电商人才培养模式探究"（获得三等奖），石家庄市科研项目"乡村振兴背景下直播电商助力脱贫攻坚路径研究""'岗课赛证'融通视角下高职直播电商人才培养模式探究"；参与省级科研课题三项，主持线上精品课"直播电商运营"；发表直播电商相关论文五篇。

被评为石家庄市"双师"型骨干教师、"学创杯"全国大学生创新创业比赛优秀指导教师及河北省优秀指导教师；指导学生获得第二届全国大学生直播电商全国总决赛一等奖、河北省职业院校学生直播电商技能大赛一等奖。

前　言

当今，市场经济发展得越来越好，大部分企业都需要营销人才来做生意，只有专业的市场营销手段才能让企业取得发展。随着市场竞争越来越激烈，大型企业对于专业的市场营销人才的需求也越来越迫切。市场营销更注重实践，一个专业的市场营销人才往往要具备法律、管理、经济和市场营销等方方面面的知识。但是由于受到教育模式的限制，市场营销课程往往更重视知识学习，很少会让学生通过实践来进行训练，这对于学生是很不利的，因为大部分学习市场营销的学生在毕业后通常都会直接从事相关工作，所以如果在学校中无法进行实战，那么，在真正的工作中就会遇到困难，为了解决这一问题，本书将提出相应的措施。

本书第一章为市场营销技能型人才概述，主要介绍了市场营销技能型人才的职业特质、国外市场营销技能型人才培养的主要做法与启示、中国高等院校市场营销技能型人才培养策略。本书第二章为市场商机把握技能养成，主要从市场营销认识能力、市场环境分析能力、市场商机挖掘能力和消费者购买行为分析能力四个方面进行阐述。本书第三章为目标市场战略技能养成，主要论述了市场细分能力、目标市场选择、能力市场定位能力三个方面的内容。本书第四章为营销组合技能养成，主要介绍了产品策略能力、品牌策略能力、定价策略能力、分销渠道策略能力、公关能力、广告能力六个方面的内容。本章第五章是营销战略与整合营销技能养成，主要根据营销战略能力、整合营销能力以及营销计划与控制能力三方面内容展开论述。本书第六章为推销技能养成，主要阐述了推销自己、说服技巧、消除顾客异议能力、成交技巧、推销技巧、推销员自信心的培养六个方面的内容。本书第七章为营销技巧养成，主要介绍了势能营销、借势营销和事件营销三个方面的内容。

在撰写本书的过程中，作者得到了许多专家学者的帮助和指导，参考了大量的学术文献，在此表达真诚的感谢。本书内容系统全面，论述条理清晰、深入浅出，但由于作者水平有限，书中难免会有疏漏之处，希望广大同行批评指正。

作　者

目　录

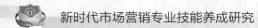

第一章 市场营销技能型人才概述

本章主要介绍了市场营销技能型人才的职业特质、国外市场营销技能型人才培养的主要做法与启示、中国高等院校市场营销技能型人才培养策略。

第一节 市场营销技能型人才的职业特质研究

一、市场营销技能型人才职业特质的内涵

（一）市场营销职业技术综合能力的内容

市场营销人才必须要具备专业的知识、态度与职业等方面的能力，只有具有综合能力的市场营销专业人才，才符合企业和市场的需要。

这里所说的知识能力，就是学习方面的能力。知识能力衔接了态度能力和职业能力，是人才所必须具备的中间层次的能力。知识能力不仅指学习能力，还包括创新能力，要求对于知识有着强烈的好奇心和欲望，能够进行系统的思考，可以快速地收集相关市场信息；同时，还能够将理论转化为实践。

态度能力是这三种能力当中最基本的能力，对于另外两种能力起到了决定性作用，只有具有良好的态度能力，职业能力和知识能力才能够得以发展。拥有良好的态度能力，可以更快速地融入工作，尽快从学生的角色中摆脱出来，从而融入社会。

为了完成工作岗位的任务，充分运用自己的专业知识的能力就是职业能力。职业能力通常都包括技术的质量判断、组合、规范运作、改造以及分解复原等能力。而作为市场营销人才，则应该具备以下能力：可以进行商务谈判和商品鉴别；具有市场营销策划与分析调查能力；还应掌握营销心理知识，并可以充分运用；有足够的销售管理和客户管理能力，以及电子商务和公共关系能力。

（二）市场营销职业技术综合能力的特点

1. 技术与人文并重

对学生进行综合能力的培养就要是重视学生各方面的发展，不仅要重视学生的技术水平，同时还要注重学生的人文水平，让学生得到全面发展，从而使学生的综合能力得到提升，使他们在未来竞争激烈的社会中，可以凭借自身的能力取得成功。

2. 应用性和针对性

为了满足社会生产，教授的知识和技能应该和工作中的任务息息相关，这种教育就是能力本位教育。通过能力本位教育培养出来的人才通常可以快速适应工作岗位，对于工作任务上手也比较快，市场营销人才的培养就有很强的应用性和针对性。

3. 重视学生终身可持续发展

现在是一个竞争激烈的时代，新的知识每天都在井喷式地产生，新的技术几乎每天都在出现和发展，所以要想在当今这个时代站稳脚跟，就要不断地充实自己，树立终身学习的观念，并且践行这种观念，从而使自身可以在社会中立足。要重视学生的学习能力，要让学生学会更新自己的知识和技能，在未来走入社会时仍旧可以发展自身、完善自身。

4. 综合性

在对学生进行知识和技能的训练时，一定要注意培养学生的综合技能，因为现在的社会发展得越来越快，技术的更新换代也在不断加快。学生如果只掌握某一方面的技术，在未来的发展中是非常吃亏的，学生只有掌握好基础知识和技术、掌握好自身专业的技能，并且在一定的领域内可以进行转岗，有足够的应变能力，可以快速适应新岗位并掌握相关的理论和技能，减少职业再教育的培训时间，才能在职场中显现出自身的优势。

二、市场营销技能型人才职业特质形成机制

（一）培养模式

为了实现对学生的培养，学校会采用一些方式来对学生进行教育，这种方式称作培养模式。高职高专通常都会有四种培养模式，分别是"大订单"、"双元制"、"双专科"及"订单"等模式。

1. 大订单模式

大订单模式具有很强的针对性。为了培养市场营销人才，学校往往会采用灵活的模式。大订单模式要求学校和企业进行合作，学生在学校三年的学习中，前一年半主要学习相关的基础知识，同时牢固掌握市场营销相关的专业知识；在后面一年半的学习中，主要是进行实践，前提是学校和企业要有协议，学生可以到企业进行实践。根据校企的合作协议，同时还要尊重学生的就业意向，在此基础上进行分析和判断，将学生分成不同的小班，让他们学习不同的专业知识。

2. "双元制"借鉴模式

"双元制"顾名思义，涉及企业和学校两个方面，也就是说，学生不仅可以在学校学习，还可以到企业进行实践，从而使学生可以将理论应用于实践，实现理论与实践两方面的结合。但是鉴于我国目前的实际状况，要想将这种模式推行开来，还存在一些难题需要解决，而且这些难题需要社会多方来协调处理，只靠学校是难以解决的。

3. 双专科培养模式

学校在进行招生的时候，要明确培养的方向，然后再进行专业的学习，通过这种方式培养出来的人才，往往都会具备很扎实的专业知识和技能，这也是双专科培养模式的优势，从而保证市场营销人才是复合型的人才，能够适应社会、企业与市场的需求。

4. "订单"培养模式

"订单"培养模式仍旧要求学校和企业进行合作，学校和企业签订协

议，共同培养人才。在进行职业教育的同时，使用人的企业直接参与进来，学生在毕业之后可以直接进入企业工作，从而使人才的供给与需求可以达到平衡的状态。对于市场营销专业来说，这种培养模式具有很强的操作性，但是这种培养模式同样也具有一些缺点。第一个问题就是订单数量，不同的企业有着不同的管理制度、规模、经营手段和人才需求，而且市场在不断地变化，企业对于市场营销人才的需求也在发生着变化，这就导致企业对人才需求产生不确定性，进而直接影响"订单"人才的培养。还有一个问题就是"订单"人才是针对某些企业培养的，在社会上的适应性要弱一些。

（二）课程体系

课程体系是对职业培养内容的反映，其所反映的内容相对是比较具体的。首先，教学体系不能再把学科作为教育本位，在构建市场营销课程体系的过程中，要将人才的职业素质作为培养的根本，要重点关注学生的职业能力，不仅市场营销课程体系的内容如此，市场营销课程的内容和评价体系都要注重职业素质和职业能力。高校市场营销专业的课程设置必须要以科学的课程体系作为支撑，在这个基础上，要整合课程资源，从而更好地进行课程建设，完成培养目标。其次，在培养人才的过程中，要关注市场对于人才需求的同时，将不同的课程联系起来，使学生可以用更少的时间学到更多的知识，并对自身的知识体系进行整合，从而使课程得到精简；学生在学习的过程中，也会避免因为知识的重叠而产生混乱。在对课程的内容进行合理的调整与整合的过程中，其内容安排一定要注意对学生职业能力的培养。

（三）教学方法

在教师进行教学的过程中，往往会采用一些方法和手段来组织教学，从而使学生的能力得到培养。要想提高教学的效率和效果，就要采用恰当的教学方法，这样才能使对学生的能力培养达到理想的效果。对于学习市场营销的学生来说，他们要经常进行实践，只有在实战中，他们才能更好地理解市场营销相关的理论和知识，从而熟练地运用各种技巧，提升自己的策划与决策的能力，在未来进入企业工作时，才能更好地适应。

（四）师资水平

要想使学生拥有良好的职业素质，首先教师就必须是拥有良好专业素质的人，所以高校要培养"双师"型的高素质教师。这就要求教师不仅要有扎实的专业基础，还要有较高的道德素质，可以用自身的人格魅力来潜移默化地影响学生；除此之外，还要有足够的经验、有较高的职业素养。要培养市场营销专业教师的职业素养，可以采用以下几种方法：第一种方法就是教师在合作企业的市场营销部门工作，从而增加自身的实践经验、切身体会职业素质的内涵；第二种方法就是教师在完成自己教学任务的空余时间，可以在校外的一些企业进行兼职，从而掌握市场的动态、了解行业的规则；第三种方法就是高校可以对教师进行培训，鼓励教师积极参与各种评定考试；第四种方法就是从企业中引进教师，企业中的教师往往都有很丰富的实践经验，有着较高的职业素养。

第二节　国外市场营销技能型人才培养的主要做法与启示

一、主要做法

（一）美国高校市场营销专业教学的主要做法

美国对高校教育的市场营销这一方面是非常重视的，现代的市场营销学的源头就是美国。市场营销课程并不要求学生掌握专门的会计或者金融等知识和技能，而是使学生未来在参与企业管理的过程中，可以对各方面的事务进行处理。

1. 与学生未来就业方向相结合

美国高校在课程选择上是较为自由的，学生可以在多种多样的课程中选择自己感兴趣的，或者自己需要的。在市场营销课程的选择上，学生只需要先学完基础的市场营销知识，就可以选择更加专业的市场营销课程进行学习，这种选择往往会更加符合学生的就业意向。学生可以根据自己的就业方向，比如产品管理、销售或者广告等来选择课程。学生可以进行理论知识的学习，同时还能够进行实践，不仅如此，学校还会通过择业教育来使学生学会更多的具体内容包括，如怎样合理地进行自我评价以及怎样写求职信才能更吸引用人企业的目光等。

2. 营销专业人才培养规模大

许多相关的资料证明，美国许多工作都和营销关系密切，正是因为营销的重要性，才使得美国绝大多数的工商管理学院将营销设立为学院的专业。

3. 营销专业课程设置按营销活动的各环节安排

美国高校工商管理学院的营销专业设置了涵盖各方面的课程，学生学习市场营销专业，就要学习社会学、传播学、管理学、经济学、社会学等各方面的知识。同时，设置的这些专业课程的程序和环节方面，也非常遵循营销活动的安排，这些基本的环节，就包括在市场中进行调研，然后进行相应的分析、对产品进行合理的定价、进行广告宣传、进行销售管理、对消费者的行为进行研究等。

4. 强调学生要具备运用各种知识去解决复杂问题的能力

在美国，很多大学的教授都会以顾问的身份在企业进行兼职，同时，还会经常进行学术交流，从而掌握更全面的知识，为学生做榜样，使学生掌握更多的知识与实践经验，并使学生可以在面对复杂情况的时候，积极运用各种知识来解决困难。

5. 重视培养营销专业学生的创新能力和实践能力

美国高校重视实践与创新，尤其是对于市场营销这一类的专业来说，实战是非常重要的。在进行营销教学的时候，美国高校往往都会和企业进行合作，学生除了在校内进行学习之外，还要在课外进行学习实践。这不仅培养了学生的实践能力和创新能力，还使学生通过小组合作的模式能够更加适应团队合作。

（二）德国高校市场营销专业教学的主要做法

德国高校市场营销专业教育采取"双元制"教学模式，高校一般都与企业联系密切，重实践过程、重方法训练、重能力培养。在专业课教学中，实践是授课内容的直接来源。在授课时，教授往往都会用一些新方法来进行讲解，往往会给予学生更多的机会在企业中进行实践。

1. 专业培养对象

市场营销专业培养的对象往往是市场营销部门的人员，还有进行企划、广告、公关和市场调查等工作的人员，这些工作人员不一定是市场营销部门的，也可以是其他部门的。

2. 产学紧密结合是专业培养的基本模式

第一，在德国，高职教育往往会采用"双元制"，这是一项基本的制度，也是德国高职教育的一个主要特点。所谓"双元"就是指学生在企业和学校两个地点进行学习。三年学制学生一半的时间在学校进行理论知识的学习，而另一半时间则到企业进行培训和实践，加深对理论知识的理解，这种教育模式下的学生除了国家法定节假日之外，是没有寒暑假可以进行休息的。

第二，在德国的高职院校学生，要想进行学习，必须要有大学的录取资格，在学校录取学生之后，学生就要与企业签订协议，这就使得学生在之后进入企业实习的过程中有了保障，因为企业要为学生的培训时间和培训质量作出规定和保证，同时还要为学生支付一些培训时所需的生活费。当然，协议中也对学生做出了规定，要求学生必须要认真地学习企业的规章制度，并且认真地遵循。为了保障双方的权益，同业公会和行会会对协议进行监督，虽然学生会到企业进行培训，但是学生不用必须到企业就业。在就业的方面，学生有着自主的选择权，但在大多数情况下，学生完成学业之后，通常都会到协议企业进行工作。

第三，德国的很多企业都参与职业教育的过程，企业中的营销专家往往会参与制订学校的教学计划，使市场营销人才培养的计划更加具有针对性。

德国的这种模式，是一种产学结合的先进模式，学生不仅可以学习到专业的理论知识，同时还能接受更多的实践训练，在实际的工作岗位中养成良好的职业道德素养与工作习惯，在未来走入社会的时候，能够更加适应社会，再加上学生在毕业时还要参加职业资格考试，学生可以在这些训练中掌握职业技能，同时拥有责任心与职业道德，会更受用人单位的欢迎。

3. 严格的师资建设制度

德国对于教师有着非常严格的规定，其师资建设制度是非常严格的，不仅对教师的学历有着相应的要求，同时对教师的资历提出要求，教师要相应地进行进修和培训，同时，还要有较高的道德水平；除此之外，教师还要接受严格的考核。虽然这些方面都很严格，但是教师的待遇也很高。大部分任职教师都通过了激烈的竞争，在各方面往往都拥有着较高的水平，无论是经验技能还是道德品质，无论是教学效率还是教研能力，都是非常强的。德国高职院校市场营销专业的教师主要由学院专职教授、实验师、兼职教授和企业培训教师四个部分组成。

首先我们来介绍学院专职教授。有一些教授不挂博士的头衔，但是大部分的教授是挂博士头衔的，这要求教授必须要在企业中工作五年。教授每周要进行 18 个课时的教学，只有在有一些科研或者毕业设计等其他任务的时候，才可以适当地对课时进行缩减。通常情况下，教授工作满 15 年之后就成为终身教授。

其次我们来介绍实验师。德国的高职院校重视理论结合实践，所以实验师必须要有非常丰富的经验，他们主要负责的就是教学的实际训练工作。德国对实验师的要求是大学毕业，并且取得了执业资格。

再次我们介绍兼职教授。兼职教授在德国的高职院校教育中占比重非常大。在学校进行兼职教学，往往会被看成是一件非常值得骄傲的事情，兼职教授往往对于报酬并不是特别在意。

最后我们要介绍的是企业培训教师。企业对学生进行培训肯定要有师傅，这些师傅往往是一些高级技工，对于学生有着非常严格的要求。

4. 课程设置紧紧围绕教学目标

德国高职院校在进行课程设置的时候，通常都是理论实践两种课程交替进行，开设的课程类型并不多，而且对于一些主干课程，往往都会开设较长的时间，学生的理论知识与实践经验都能在课程中得到增长，而且课程的设置通常都是比较科学的，紧紧围绕着人才培养目标，学生基本上都能对课程的理论知识和技能进行掌握。

5. 教学方法灵活多样

理论课程往往会采取多种教学方法，师生之间教学相长，学术氛围相对自由。

第一，没有教材限制。课程的标准由教师制订，只要遵循州政府、教育部所颁发的课程标准即可。这种模式下，学生往往很少需要进行死记硬背，通常他们只需要对上课所教授的内容进行消化与理解，然后对相关的课外资料进行阅读，最后再完成作业即可。学生可以更多地进行自主思考，进行自主创新。

第二，师生平等在德国的高职院校市场营销专业授课过程中体现得淋漓尽致。在授课过程中，如果学生产生了一些疑问，可以打断教师，教师会当场对学生的疑问进行解答，如果教师无法对问题进行解答，那么也并不会受到学生的指责，只需要课下查明资料再进行讲解即可。

第三，在进行教学的过程中，学生往往以小组为单位进行讨论，教师提出问题，学习小组根据相应的资料来对问题进行探讨解决，最终得出统一的观点，然后由代表进行讲解，其他学生可以对该小组的观点和结论进行质疑，每个学生都有机会代表小组发言。在讲解一些理论的时候，如果遇到不同的观点，教师往往不会去介绍自己主观认为对的观点，而是对不同的观点进行逐一介绍，从而让学生自己进行思考，形成自己独特的看法，课堂的学术氛围非常自由。

第四，德国的人才培养模式是产学结合的，师生可以在企业的实践中讨论一些实践和理论的问题，学生提出问题，教师也可以通过回答这个问题来提高自身，也可以对问题进行升华，实现教学相长。虽然学校实行弹性学制，但是学生还是要遵循学校的约束，比如考试和学籍管理制度等。学生的毕业时间可以延长两年，但是如果继续延长的话，则需要额外支付学费。

第五，充分利用现代教学手段。教室中的多媒体等都会积极利用起来，尤其是幻灯片投影被运用得非常多，教师可以通过图片或者表格来进行讲解，使学生能够直观地了解到教学的内容，当然也会应用黑板，教师会通过板书来解决一些课堂上的问题，这主要是起到一个辅助的作用，让学生对课程内容的了解更加深入，并形成一个大概的体系，从而使课堂的教学效果达到最佳。

二、重要启示

一个国家的生产力和经济水平、文化背景和社会发展水平决定着该国的职业教育制度。学习国外高职教育市场营销专业人才培养的经验，必须与国情密切结合。

（一）明确专业定位和培养目标

学校不同，对于营销专业也有着不同的定位。营销专业通常被看作工商企业的管理专业，涉及数学、计算机、经济学、心理学、管理学等，是多种学科互相渗透的专业。这门学科更注重解决问题的能力，通过系统的训练来使人才的营销技能得到培养，推动人才创新能力和沟通能力的提高，让他们能够更加适应市场环境的变化。

（二）课程设置以培养学生的职业能力和创新精神为主

国外对于学生的创新能力是非常重视的，在设置课程的时候，他们更愿意培养学生的职业和创新能力，课程安排也以专业课为主，学生在专业课上不仅可以学到相关的理论知识，还有机会进行实践。除了设置专业课之外，还会开设一些特别的专题课，这种专题课可以让学生讨论一些营销专业的热点，或者让学生研究一些自己感兴趣的话题，鼓励学生，让学生在实践中可以得到进步，在实践中提升自己的创新能力。

（三）注重教师队伍建设

要想培养出高素质人才，那么培养人才的教师首先就必须要是高素质的，这就要求教师不仅要拥有足够的理论知识，还要有丰富的实践经验，只有这样，教师才能够将理论与实践的经验都教授给学生，学生才能学到综合的知识和技能。这给我们的重要启示就是要学习国外的长处，在建设师资队伍的时候应该让兼职教师拥有技术职务，弹性教学，创立良好的舆论环境，从而使兼职教师可以平衡工作与教学。

（四）专业学术协会交流对市场营销教育的促进作用

美国营销协会缩写为 AMA，这个营销协会在国际上都是非常知名的，很多美国的大学都和美国营销协会进行了合作，营销专业的很多学生都加入了美国营销协会。在协会中，他们可以进行实践活动，还可以进行学术探讨，从而使自身获得更专业的知识，掌握市场的动态，达到锻炼自身的目的。美国营销协会发行了很多学刊，《营销调研学刊》主要探讨营销的趋势和营销调研中所采用的一些方法；《营销教育者季刊》则主要涉及教育方面的内容，对于营销教育者进行了详细的介绍。

（五）与企业密切联系、强调产学合作，注重专业培养方向的细分

在国外，市场营销专业的学生不仅要掌握综合知识，还要掌握一些更加细化的专业知识。学生可以根据需要和兴趣来选择自己想要学习的领域，比如广告策略、品牌战略等。学生可以对某一具体的领域进行深入学习，从而实现自身的发展。学校会根据学生对不同行业的偏好，针对不同行业所对应的职业岗位群，设置相应专业方向模块课程群，达到适应市场需求的目的，实现培养复合型营销人才的目标。

（六）教学方式多样化，注重学生实践和创新能力的培养

在国外，营销专业会采用各式各样的教学方式，注重对学生能力的培养，无论是什么样的教学模式和教学方法，学生都会参与其中，并且进行实践。比如，采用模拟教学法，可以通过角色模拟或者动态模拟或者企业模拟来在课堂上呈现一个情境；又比如，采用体验式教学法，可以通过行为学习或者拓展训练或者沙盘推演的方式来让学生进行深入体验。这几种教学方法非常有趣，学生可以身临其境，更能体会实践中的情况；同时，课堂氛围也非常好，学生的主动性会得到激发，其实践能力也会得到发展。

第三节　中国高等院校市场营销技能型人才培养策略

一、培养目标的确定

高校市场营销专业要使学生形成良好的职业技术综合能力，必须构建先

进的培养模式，构建完善的教学模式，提供一定的资源保障条件，拥有高素质的师资并采取适当的教学方法。

市场是不断变化的，人才培养模式也在不断地发展，所以培养目标也应该进行适时的调整，但还是要将培养人才的能力放在首位。

二、专业课程体系的构建

在设置市场营销专业课程的时候，要注意结合人才目标；课程内容的设计应该着重培养人才的职业素质，在进行教学的时候要重视能力本位；课程体系设计要能够培养学生的职业能力，要将课程体系科学合理地构建起来，使教学更加具有针对性。同时，可以让学生在课程中更多地进行实践，加强课程的实用性，从而使学生的实践能力得到锻炼。在设计课程的时候可以对一些实用性的课程进行重点建设，不要片面地追求理论知识对学生的引导，让学生从繁琐的论证中解脱出来，设置实践性更强的课程，从而使学生在未来走入社会的时候可以更加适应社会环境。

无论怎样对课程内容进行整合，都要建立在培养学生职业能力的基础上；无论是教材还是案例库和试题库，都要进行整合与更新，通过对这些模块的积极建设来促进课程改革。课程体系的建设仍旧要重视学生的职业能力培养，使学生拥有较高的职业素质，并适应社会市场与企业的需要；同时，课程评价体系也应该注重对能力的评价。课程设置中可以包括顶岗实习和营销方面的各种竞赛，从而使学生可以锻炼自己的技能，并得到实践的机会。

三、教学过程的设计

（一）各门课程均有考核标准，并采取灵活多样的考试形式

在实施教学的过程中，要注重培养学生的职业能力，采用恰当的方法来促进学生实践能力的提升；在进行教学评价的过程中，也要重视评价学生的能力。在此基础上，还要满足学生个性需要，使学生的能力可以成为未来生存的保障。

对于理论课程的考核，主要分为平时成绩和期末成绩，平时成绩主要包

括课堂提问和作业等，其占比为20%，而期末成绩则占剩余的80%的比重。教师在考试结束后，要对学生的试卷进行分析，同时以报告的形式呈现出来，还要统计考试结果，对教学的效果和质量进行深入分析。

对于实训课程的考核，主要包括报告以及成果等的编写和整理，还有学生考试的情况以及学生实验的情况。实习考核主要是综合分析学生的实习表现，以及学生在实习过程中表现出来的操作技能水平，还有学生最终实习报告的呈现。

（二）改革教学方法和手段，推广多媒体教学

不同岗位的教学计划都需要将理论知识的学习环节和实践的环节进行合理安排。课程设置要注重应用性，因为在职业教育中，最重要的就是实践，所以课程设置要表现出对实践的重视。

市场营销专业在进行课程设置的时候，往往要重视学生进行策划和决策的能力，并且这些能力大多要在课堂上进行培养，同时还要培养学生的其他职业能力，包括营销调研、商务策划等。学生必须要充分理解课堂上的理论知识，之后进一步发展实践能力，在理论知识得到培养的基础上，发展自身的创造能力和分析问题、解决问题的能力，这样学生会从更专业、更精准的视角来思考问题。在设计安排教学计划时，实践活动必须要包含在内，因为营销专业的学生只有通过实战才能真正地锻炼自己的能力、才能熟练地应用各种营销技巧。在实践中要使学生养成良好的精神品质，不怕辛苦，勇于创新，善于学习，虚心进步。除此之外，还要对学生进行鼓励，使他们积极参加各种资格证的考试，拿到相关的资格证书对于学生的就业也是很有好处的。

要坚持通过教书、管理、服务育人，坚持"三育人"方针。教书育人针对的是教师，指的是教师要通过教学来对学生进行教育；管理育人针对的是管理部门，指的是管理部门在对学生进行管理的过程中对学生产生潜移默化的影响；服务育人针对的是服务部门，服务部门要积极地为学生服务，爱护学生、保护学生，使学生可以在得到服务的同时，还能向服务人员学习。

四、校内外实训的设计

（一）模拟情境教学

模拟情境教学就是模拟一个场景，使学生可以参与其中，从而获得沉浸式的学习体验。我们可以举个例子，例如课程"推销理论与技巧"，教师可以组织学生进行情境模拟，学生可以分别扮演推销员和消费者，站在不同角色的立场上来抒发自己内心的感受。推销员进行产品推销之后可以对推销的经验进行总结，分析推销过程中的不足；消费者可以谈论自己在消费时的心理，同时分析这种心理，总结经验。还可以让学生来对公众人物的角色进行扮演，对推销员的推销能力进行评价，同时也可以站在公众人物这一角度来分析产品自身以及推销过程中的问题。

（二）实验室模拟教学

实验室模拟教学就是在一个仿真的环境中，让学生进行营销，通过实训来加深学生对于市场营销这门课程的理解，学生在一个仿真的竞争环境中会更加深刻认识自己在学习中遇到的问题。这样的教学方法可以让学生在未来的实际工作中更加游刃有余，做到心中有数，实现理论结合实践。

（三）实验教学法

实验教学法可以分为很多不同的种类，因为进行实验的目的不同，实验的阶段不同，进行实验的方式不同。在预习阶段，通常进行基础性实验；在复习阶段，通常进行验证性实验，也会进行巩固性实验；还有个人进行的独立实验，以及小组合作进行的实验。现在教学更加重视学生的能力教育，为了锻炼学生的能力，进行实验的时候大多会让学生独立地进行设计。教师可以通过实验教学法更好地传播知识，而学生也可以通过实验教学法规对自身的能力进行锻炼。

（四）营销竞赛

许多企业都会采用营销竞赛的方式来对员工进行锻炼，对于市场营销专业的学生来说，这同样是一种非常不错的方法，可以对自身的能力进行锻炼。课堂中的营销竞赛可以为学生们提供实践的机会，学生可以通过营销竞赛来真正认识市场营销，这种学习方法非常新颖，学生们的兴趣会得到激发，课堂氛围也会更加活跃。

营销竞赛需要组织者来对活动进行组织、对方案进行设计和策划，还需要引导者来进行指导，如果学生遇到问题，引导者可以进行适当的引导；同时还需要评判者进行评价，对营销竞赛的工作进行点评和总结。这些角色均可以由教师来进行扮演。营销竞赛不仅可以对企业进行宣传，还可以对学生进行锻炼，为学生未来走向工作岗位打下良好的基础，还可以使学校的影响得到扩大、知名度得到提升，一举三得。

（五）顶岗实习

顶岗实习是学生进行实践锻炼的好机会。通过顶岗实习，学生可以将企业的试用期作为自己的实习期。学生在进入企业进行顶岗实习之前，需要签订协议，一方面是对企业进行约束，保障学生在实习期间可以学到知识和技能，同时保障学生的基础生活；另一方面是约束学生，使学生的行为符合企业的规章制度。学生在进行实习期间需要老师来进行指导，因此企业可以选择企业中能力出众的、有经验的人来担任这个角色，同时也可以让学校的专业教师参与进来，共同对学生的表现进行评定。

第二章　市场商机把握技能养成

本章主要讲述市场商机把握技能是如何养成的，从四个方面展开了论述，包含四种能力，分别是对于市场营销的认识能力、分析市场环境的能力、在市场中挖掘商机的能力以及对消费者购买行为进行分析的能力。

第一节　市场营销认识能力

一、市场的含义

（一）市场的概念

在市场中，我们可以进行商品交换，因为消费者有着自身的需求，并且愿意通过交换来使自身的需求得以满足。市场就是包括这些消费者以及还没有进行商品交换，但是有这种愿望的消费者在内的一个集合。

（二）市场三要素

市场中人口、购买力以及人们的购买欲望是基本的三要素。这三个要素是相互制衡的，但凡失去任何一个要素，市场都难以完整构成，只有三个要素共同发挥作用，才能使市场形成一定的规模，取得发展。

市场大小＝人口×购买力×购买欲望

市场是三个要素的统一。我们可以举一个例子，假设这个国家人口众多，但是收入却不高，这就会直接导致市场的购买力不高，因为消费者收入低，购买欲望低，难以形成一定的规模；又假设一个国家人口很少，但是收入很高，尽管消费者购买力很大，但仍旧不会形成一个规模很大的市场。也就是说，只有市场上的人口多、购买力强，才会形成规模大、容量大的市场。当然，如果企业想要在市场上推行的产品与人们的需求不匹配，那消费者仍旧不会买账，现实市场依旧无法形成。

（三）市场形成必备的基本条件

要形成市场则必须要具备一些基本条件。首先，必须要有商品来进行交换；其次，必须要存在买卖双方，卖方有足够的商品可以提供，而买方又有一定的购买欲望和能力；最后，商品的交易价格以及其他规范必须要能让买卖双方接受。

二、市场营销的相关概念

（一）需要、欲望、需求

市场上的需要就是人的感受，人们在身心的某方面没有得到满足，就会产生需要。欲望就是人们的心愿，人们希望能够获取某种东西，从而使自身的需要得到满足。需求就是一种欲望，人们有足够的支付能力，并且它可以作为人们的保证。

在研究市场营销的过程中，需求是最具现实意义的，对于企业来说，只有对人们的需求进行高度重视，并且进行仔细研究，才会对市场有更准确的把握。

（二）产品

产品是一种载体，承载着人们的欲望和需要，无论是有形的产品还是无形的产品，无论是精神上的产品还是物质方面产品，其最重要的作用就是满足人们的需要和欲望，而其形态以及其他方面则并不是特别重要。

（三）效用、费用和满足

人们在选择产品时，除了会选择自己需要的产品以外，还会考虑产品的效用如何以及价值如何。效用是一个相对主观的感受，是一个产品能否满足人们需要和欲望的能力，而价值则要更加复杂一些。

（四）交换、交易和关系

营销的发生通常出于人们对某一种商品产生需要，然后决定进行交换。交换就是人们用自己所拥有的东西来换取自己需要的东西。市场交换要素主要有 5 个，分别是：买卖者至少要有两个；所交换的产品必须是双方都认为有价值的东西；交换双方可以决定自己是否要对产品进行接受，具有绝对的自由；交换双方必须具有将货物传送给另一方的能力，同时交换双方必须能够进行信息的沟通和交流；交换双方能够达成共识，都认为对方的产品是值得交换的。

只有满足上述五个要素，交换才具备了发生的条件。但是并不是说上述五个条件都符合以后就一定会发生交换，交换最终能否成功还是取决于交换双方对于交换产品的条件以及价值是否认同。只要交换双方都认为交换可以使自身产生更大的满足，或者拥有更大的利益，交换就会发生。交换的基本单位是交易。

交换不等于交易，它是交易，但是又有着更广泛的内涵。在市场中，市场推销员就是在尽力地进行关系的建立，这种关系是市场推销员和顾客、供应商等之间的关系，这种关系是逐渐建立起来的，是长期的关系、互利的关系、彼此信任的关系。

通过建立关系来进行营销，最终会建立一个网络，这个网络是营销网络，包含员工、顾客、零售商、供应商等。营销网络越完善，在市场的竞争中就越占优势。

（五）市场营销与市场营销者

市场营销者就是交换双方更主动的一方，他们更重视交换的寻求。

三、正确理解市场营销的含义

市场营销这种行为是企业进行的一种有目的的行为。市场营销包含很多的对象，服务、产品、人物、思想观念都是市场中营销的对象。

在进行市场营销的过程中，主要的内容包括：对市场的环境进行分析，根据分析结果来选择自身的目标市场，之后对产品进行开发和定位，以及提供各种服务等。

交换是市场营销的核心内容。市场营销的目的是实现企业的目标，所以在进行市场营销的过程中，消费者的需求被各大企业重点关注，只有满足消费者的需求，企业才会实现自身的目标。

四、市场营销观念

（一）传统市场营销观念

通过对市场营销发展史进行研究，我们对市场营销哲学进行了归纳，总共包括六种，而这六种又被分为现代和传统的市场营销观念。现代市场营销观念包括客户观念、市场营销观念和社会市场营销观念，传统市场营销观念包括产品观念、生产观念、推销观念。

1. 生产观念

19世纪末20世纪初，生产观念产生，卖方市场中的资本主义经济已经出现，卖方需求量很大，可是供应方却无法满足卖方需求，所以用生产观念来进行营销，增大产量、增加供给，但是降低成本，使消费者可以买到便宜的产品。

我们通常将以生产观念为主导的企业称作生产导向企业。这种企业更重视生产的数量，生产什么卖什么，对于市场营销方面的内容和活动并不太重视，更多的是重视自身的生产。

2. 产品观念

20世纪初，资本主义经济发展得非常迅猛，产品观念产生。市场上的产品供给非常丰富，19世纪末20世纪初那种供小于求的状态几乎已经消失了，消费者可以进行自由选择，很多消费者开始选择那些质量好的产品，这就使企业为了满足消费者不得不提高产品的质量。

3. 推销观念

20世纪三四十年代，推销观念产生，此时是一个过渡时期，市场正在发生变化，卖方市场逐渐向买方市场转变，此时供过于求。为了实现企业的目标，企业就必须要研究消费者的心理、重视他们的需求，进而对产品进行推销。

以推销观念作为指导理念的企业通常都会认为只有进行积极的推广，才会让消费者的需求得到刺激；只有通过促销，才能让消费者对产品进行购买。

企业相信通过推销，可以对消费者进行说服，甚至会形成一种强制的作用，但是不可否认的是，这种观念的中心仍旧是企业。

（二）以消费者为中心的市场营销观念

1. 市场营销观念

市场营销观念的出现，使上述传统市场营销观念面临挑战，企业开始重视消费者的需求。消费者需要的产品，企业才会生产，这就使市场营销观念开始以消费者为中心，并发生了质的改变。

市场营销观念的特征主要包含以下几个方面。

（1）企业进行生产开始重点关注消费者的心理和需求。生产观念以企业为中心，重点考虑的是企业自身的生产条件，他们生产什么就销售什么，消费者就只能消费什么。而营销观念则是以消费者为中心，根据消费者的需求对产品生产的数量、性能等各方面进行相应的调整。在营销观念的指导下，企业往往会通过专门的市场营销人才来对市场进行调研分析，从而更好地把握消费者的心理、了解市场的动态，在竞争激烈的市场中取得优势。

（2）市场营销的关键是创造需求，这使得营销观念得到进一步发展。

（3）对目标市场进行确定。企业的目标是满足消费者，但是消费者成千上万，大家都有着不同的消费目标，所以企业必须要精准定位自己的目标市场，从而为自己目标市场中的客户提供更好的服务。

（4）企业重视未来的发展，重视长远的利益。传统的市场营销观念更多是对眼前利益的把握，这就导致企业为了眼前的利益而放弃更长远的利益，企业在未来的发展被忽视。而市场营销观念就是让企业改变自身，不再沉溺于眼前的蝇头小利，企业越来越重视消费者，那么消费者的需求和欲望就会得到满足。随着企业对消费者重视程度的增加，消费者就会对企业的产品产生重复的购买欲望，从而让企业得到更多的利润。所以，我们可以说，只有企业注重产品是否满足消费者，企业才有可能得到更多的盈利。

2. 客户观念

客户观念指的是企业对客户的分析与了解。企业注重收集客户的信息，包括分销偏好、媒体习惯等一系列内容，从而对客户的需求进行客观的分析，并将其终生价值确立起来，有针对性地满足客户需求，从而使客户会对企业的产品进行多次购买，提升忠诚度，最终促进企业目标的实现，企业的利润也可以得到增长。

第二节　市场环境分析能力

一、市场营销环境

人们对于市场营销环境的理解在不断发生着变化，对这一概念的了解在不断地完善。19 世纪，市场营销环境这一概念并没有得到真正的理解，市场被看作进行销售的环境。在这之后，分别出现了多种对于环境范畴的理解。20 世纪 30 年代，环境的范畴包括社团、投资者等；20 世纪 60 年代，企业开始考虑技术、文化和自然环境等因素；20 世纪 80 年代，许多国家重视人们的生存环境，对于生态和环境保护等方面越来越重视；而在现代，市场营销环境包括内部和外部的环境。我们将企业的市场营销环境分为两类，分别是微观环境和宏观环境。

二、微观市场营销环境

企业营销就是在目标市场进行产品营销，让消费者可以看到对自身有吸引力的产品，那么如何才能让目标市场的消费者可以对企业的产品或者服务产生兴趣呢？这就要求企业在进行营销管理时要对微观的环境进行观察和了解，无论是竞争者、供应者，还是顾客、公众等，各个方面都要进行仔细观察，才能实现企业营销的有效进行。

（一）企业本身

企业主要通过相关的营销部门来进行市场营销，营销部门必须要和其他部门打好配合，对工作进行及时有效的协调，从而使市场营销可以更加顺利地进行。市场营销策划必须要符合管理部门的要求，只有最高管理层对营销计划表示认可才可以进行实施。

（二）供应商

供应商是提供的资源的一方，企业生产的产品或者需要的其他的资源都是从供应商处获得的。供应商未必是一个企业，也可以是个人。供应商对企业的市场营销产生影响，这些影响主要包含三个方面，分别是：

（1）供应商所提供的资源质量会直接影响产品，只有供应商提供的资源质量足够好，最终产品的质量才有可能好。

（2）供应商所提供的资源价格在不断发生着变化，而这种变化同样影响产品。

（3）供应商所提供的资源及时、充足，企业产品的交货期和销售量才有可能得到保障。

（三）营销中介

营销中介就是包括中间商、金融机构等在内的对企业进行协助的企业，它们通过帮助推广、销售，对产品进行合理的分配，从而使最终用户可以对产品进行消费。

（四）顾客

顾客对企业产品进行消费，企业和各方保持密切联系就是为了使产品最终可以满足目标市场顾客的需求。我们对顾客市场进行了分类，主要包括以下几种。

一是个人和家庭，这一类顾客购买产品主要是自身消费。

二是生产厂商，它构成了生产者市场，它从企业购买产品，是为了生产，然后获得利润。

三是政府机构，它构成了政府市场，政府市场购买产品主要是用于公共服务、保障民生。

四是由中间商构成的中间商市场，这一类顾客顾名思义，就是将自己所购买的产品卖给他人，自己从中赚取差价。

（五）竞争者

如今的市场竞争非常激烈，企业要想取得成功、在众多企业中脱颖而出、吸引消费者，就必须要形成自身的优势，从而使消费者可以直接看出企业产品的优点，获得消费者的青睐。

（六）公众

公众指的是一个群体，这个群体会影响企业实现目标，这种影响可能是积极的，也可能是消极的。我们将公众分为了七类，分别是：内部公众、政府公众、地方公众、媒介公众、公民公众、金融公众、一般公众。

三、宏观市场营销环境

企业进行市场营销活动无论如何都不可能脱离宏观环境，所以宏观环境一定会影响企业市场营销活动的进行。宏观环境会对微观环境进行控制，虽然会为企业提供发展的机会，但是同样的，也会对企业的发展产生不利的影响。

（一）人口环境

人口在市场环境中是非常重要的一个因素，它决定着市场。没有人口的存在就不会有市场的产生，人口越多，市场的容量也越大。

（二）经济环境

企业在进行市场营销活动时，经济环境的影响也是非常重大的。大到世界经济格局、国内经济形势，小到居民的消费储蓄等都会对企业的市场营销产生影响。

（三）自然环境

如今，人类面临着严峻的挑战，那就是对我们赖以生存的环境进行保护。自从人类发展工业以来，自然环境遭到了严重的破坏。无法保证所有的资源会一直源源不断地为人们所用，所以必须要对资源和环境加以保护。这就要求市场要在进行市场营销活动的同时对自然环境加以保护，其中涉及人力、物力等各方面投入，对于企业来说，这又是一项挑战。

（四）政治法律环境

政府部门的政策和方针都影响着企业营销的进行，企业要对政策进行深入解读，善于发现机会，避免触碰红线。

无论是法律还是道德都是为了对人们进行约束，道德是上限，法律是下限，道德警醒人们不要做坏事，法律则是告诉人们做了坏事就要承担相应的后果。企业在进行市场营销活动时，要让道德和法律对自身形成双重的约束。

（五）科学技术环境

社会发展到今天，人类之所以取得如此大的成就，是因为科学技术在不断推动着人类前进。科学技术是第一生产力，企业在发展的过程中也应当重视科学技术的力量。

（六）社会文化环境

社会文化主要包括风俗、价值观念、伦理观念、道德观念等，是一个国家或者一个地区、民族在漫长的历史发展过程中形成的一种生活方式。人们在不同的文化环境中成长，所受到的教育也是不同的，这种文化会一代代延续，并且不断发展，在这个过程中人们的消费行为也会受到文化环境的影响。所以企业在进行市场营销活动的时候，应该重视文化环境对于人们产生的影响，在进行商标设计的时候，企业应当对当地的文化进行重点了解，必须要尊重人们的习俗和习惯，对消费者文化的不尊重，大多数会被消费者所抵制。同时，企业在进行创新的时候，不要违背产品的核心理念，否则将会本末倒置。企业市场营销环境如图 2-2-1 所示。

图 2-2-1　企业市场营销环境

四、市场营销环境的特征

（一）客观性（不可控性）

市场营销环境作为一种客观存在，是不以企业的意志为转移的，有着自己的运行规律和发展趋势，对营销环境变化的主观臆断必然会导致营销决策的盲目与失误。

（二）动态性

外界环境随着时间的推移经常处于变化之中。外部环境各种因素结合方式的不同也会影响和制约企业营销活动的内容和形式。

（三）层次性

从空间的角度看，我们会发现营销环境因素包含很多层次，是一个集合。企业所处的地区是第一层次，其地区环境因素和企业之间的联系是很紧密的；企业所在国家的经济和政治的因素是第二层次；国际大环境是第三层次因素。

（四）关联性

营销环境的各个构成因素之间有着非常紧密的联系，它们是密不可分的。

（五）差异性

企业位于不同的环境，政府对企业的管理力度不同，管理者对于企业的管理模式不同，都会导致营销环境产生差异。不仅如此，就算不同的企业处于同一个环境，其营销环境也不会完全相同。

五、SWOT分析法

"SWOT"分析法是一种简易、客观的方法，可以让企业对自身进行深入分析，并从中快速找到对自己发展的有利因素，从而将有利因素充分发挥出来，促进企业的发展；同时还能找到企业发展的不利因素，使企业对这一类因素进行深入分析，自我剖析、自我诊断，寻找解决或者避免该因素的办法，从而做出相应的调整。通过SWOT分析法，企业可以很清楚地知道问题的轻重缓急，对于一些要紧的问题进行快速解决，有针对性地做出决策。"SWOT"中"S"是strengths，表示能力，指的是对企业内部能力分析；"W"是weaknesses，表示弱点，就是对企业中一些薄弱点和问题进行窥探和剖析；"O"是opportunities，表示机会，包括企业外部机会；"T"是threats，表示企业外部威胁。通过SWOT分析法，我们可以准确地把握企业的能力，并对其薄弱环节进行分析，比较企业和竞争对手，从而通过多方面分析，对企业的发展战略进行确认。

第三节　市场商机挖掘能力

一、市场机会

也可以称为潜在市场，指的是尚未形成，但是即将形成市场，也可以指客观来说已经形成，但是人们还未进行深入了解的市场。那么如何判断潜在市场呢？企业首先要深入了解市场情况，对于市场现状进行调查，再就是要对于经济发展的规律有一个准确的认识，更好地把握规律，为未来打下基础。

市场营销管理人员可以采用以下方法寻找、发现市场机会：

市场信息搜集法。市场营销管理人员可通过经常阅读报纸、参加展销会、研究竞争者的产品、召开献计献策会、对消费者展开调查等方式来寻找、发现或识别未满足的需要。

借助产品/市场矩阵。企业可以考虑通过市场渗透、市场开发、产品开发和多元化经营来寻找市场机会。实践证明，通过这种方法寻找、发现市场机会非常有效。

二、机会与威胁分析

营销机会指的是企业可以对消费者进行分析了解，从而满足他们的需要，最终使企业盈利。我们可以对营销机会进行分类，一是根据其成功的概率来分类，二是根据这些机会的吸引力来分类。环境威胁顾名思义，指的是对于企业发展不利的因素。在面对环境威胁的时候，企业必须要果断采取行动，通过恰当的营销行动来避免企业亏损，并且保持盈利。环境威胁同样有两种分类方法，一种是按发生的概率进行分类，另一种是按危险的严重性进行分类。

企业环境综合分析如图 2-3-1 所示。

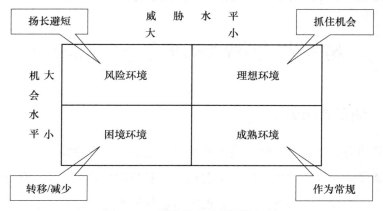

图 2-3-1　环境综合分析评价矩阵

三、市场商机发掘能力的培养

我们经常说要利用商业思维培养商业敏感度。一个人的商业敏感度如何，主要还是取决于自身，商业敏感度强的人会更容易发现机会，并把握机会。商业敏感度具有可习得性，每个人都可以通过学习来提高自身商业敏感度。

首先要做的是学习商业知识，学习市场营销专业相关的知识，通过相关知识的学习来掌握和转变商业理念；其次，要细心观察生活，留心商业信息，激活商业思维；最后，增广见闻，除了问"为什么"，更要想"怎么做"。眼界决定境界，思路决定出路。

四、环境综合营销分析对策

环境综合营销分析对策如表 2-3-1 所示。

表 2-3-1　环境综合营销分析对策

环境类别	表现形式	营销建议
理想环境	高机会、低威胁	抓住机会，开拓经营，创造营销佳绩，万万不可错失良机
冒险环境	高机会、高威胁	加强调查研究，进行全面分析，谨慎决策，降低风险，争取利益
成熟环境	低机会、低威胁	一方面维持正常运转取得平均利润；另一方面积蓄力量，为进入理想环境或冒险环境做准备
困难环境	低机会、高威胁	企业要想方设法扭转局面。如果大势已去，无法扭转，则必须采取果断决策，撤出该环境，另谋发展

第四节　消费者购买行为分析能力

一、消费者市场

进行市场营销是为了使消费者的需求得到满足。企业要对消费者进行深入的分析了解，这样才能对影响顾客进行消费的因素进行了解，从而更好地把握消费者的规律。只有这样，才能使市场营销更好地进行下去，从而实现目标。

（一）消费者市场的含义

所谓消费者市场，其构成是个人以及家庭，这些消费者会为了满足自己的一些需求，对货物以及服务等进行购买。

（二）消费者市场的特点

1. 需求的无限扩展性

人类永远都会产生新的需求，并且这些需求会随着社会的发展而不断地产生变化。社会经济得到发展，人们的生活也会越过越好，直接带来的影响就是收入增长，那么，在这个基础上，人们就会产生更多的需求。而为了满足需求，企业就必须要对新产品进行开发。

2. 需求的多层次性

只有在一定条件下，消费者的需求才会形成，但是人们永无止境和不断变化的需求不可能一直被满足。在客观条件的许可下，要对需求进行有层次的分类，按照轻重缓急，有步骤地逐渐实现，这就使消费者的需求具有了多层次性。营销人员在进行产品定位的时候，要注意这种需求的多层次性，对目标市场进行选择的时候，要格外注意。

3. 需求的复杂多变性

在政治、经济、文化以及其他各种因素的影响下，消费者的需求不可能只有一种，这种复杂多变的需求要求营销人员要格外注意，要对需求进行深入分析，掌握规律，从而使企业在激烈的市场竞争中取得优势。

（三）消费品的分类

1. 按消费者的购买习惯和购买特点划分

（1）消费者日常生活中会需要一些日用品，这种日用品会一直被需要，同时消费者会进行重复购买。

（2）除了日用品之外，还有一些产品。消费者需要对商品进行综合考量，通过种种对比之后再决定购买某种商品，而这种商品就是选购品。通常选购品的价格会比日用品要贵一些。

（3）还有一些产品并不是所有的消费者都会需要，而是消费者因为一些特殊偏好才会进行消费的特殊消费品。购买这种特殊消费品往往需要更多的时间。

2. 按商品在使用过程中寿命周期的长短划分

（1）耐用品，是指能多次使用、寿命较长的商品。

（2）非耐用品，是指使用次数较少、消费者需经常购买的商品。

二、消费者购买行为模式

（一）购买决策的基本内容

购买决策的基本内容（6W1H）和消费者购买行为模式如表 2-4-1 所示。

表 2-4-1   消费者购买行为模式（7Os 框架）

购买决策内容	行为模式内容
该市场由谁构成（Who）	购买者（Occupants）
该市场购买什么（What）	购买对象（Objects）
该市场为何购买（Why）	购买目的（Objectives）
谁参与购买行为（Who）	购买组织（Organizations）
该市场怎样购买（How）	购买行为（Operations）
该市场何时购买（When）	购买时间（Occasions）
该市场何地购买（Where）	购买地点（Outlets）

（二）刺激—反应模式

为研究消费者购买行为，专家们建立了一个刺激—反应模式（Stimulus-Response Model），来说明外界营销环境刺激与消费者反应之间的关系，如图 2-4-1 所示。

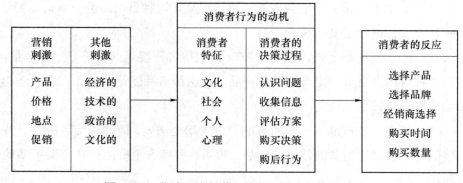

图 2-4-1   营销环境刺激与消费者反应之间的关系

（三）影响消费者购买的主要因素

影响消费者购买的主要因素有文化因素、社会因素、个人因素和心理因素，如图 2-4-2 所示。

文化因素			
文化	社会因素		
	相关群体	个人因素	
亚文化	家庭	年龄和生命周期的阶段 职业 经济状况 生活方式 个性和自我观念	心理因素 动机 知觉 学习 信念和态度
社会阶层	角色和地位		

图 2-4-2 影响消费者购买行为的主要因素

三、五个消费者市场

第一是最低需求层次的市场，指的是消费者的生理需求。对于这一类的产品，消费者要求产品只需要具备一般功能就可以了。

第二是消费者在一般功能的基础上，提出了安全方面的需求。产品对身体会产生什么样的影响是消费者更加关注的问题。

第三是消费者对交际的需求。消费者需要从中得到归属感和爱，所以产品如果能够提升消费者的交际形象，那么往往会受到青睐。

第四是消费者对自尊和地位的需求，相关产品的象征意义则是更重要的。

第五是消费者对于自我实现的需求。（见图 2-4-3）

四、消费者购买决策过程

营销者除了要对消费者行为的因素进行深入分析和了解以外，还要更加深入地了解目标消费者购买决策的步骤等各方面内容。

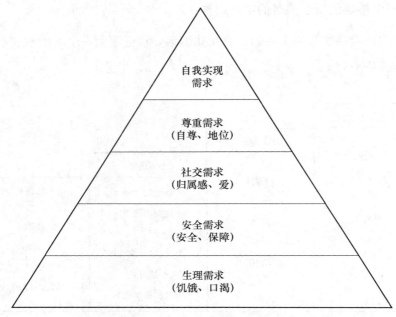

图 2-4-3　马斯洛需求层次理论模型

（一）消费者购买决策过程的参与者

家庭通常是消费的一个单位，但是并不是所有的家庭成员都会参与同一个购买决策。商品不同，所对应的决策者也就不同，这往往是根据家庭成员的需要而决定的。在很多家庭中，决策者与实际购买者不一致，所以营销者必须要对决策者进行调研，同时还要了解产品的使用者到底是谁，以及最终实际购买者又是哪一类家庭成员、谁又会对购买产生影响。营销者只有对这些信息进行充分了解，才能有针对性地开展营销活动，吸引消费者的注意。

在一个家庭决定要进行消费的时候，成员们往往都承担着不同的作用。首先是倡议者，即提出要购买商品的人；然后就是影响者，会对最终的决策者产生直接或者间接的影响，从而对最终的购买决策起到作用；之后就是决策者，会对一系列购买的问题进行决策，可以决定部分步骤，也可以在整个过程中进行决策；之后是购买者，是进行购买的实际执行的人；最后就是使用者，是对购买的商品进行实际使用的人。

（二）消费者购买行为类型

消费者的购买行为可以分为多种类型，可以根据品牌差异程度分类，还可以根据参与者介入程度分类。

（三）消费者决策过程的主要步骤

消费者在进行决策的过程中，主要受到两方面因素的影响：消费者对产品的熟悉程度以及产品自身价值的大小。

第三章　目标市场战略技能养成

本章主要论述市场细分能力、目标市场选择、能力市场定位能力三个方面的内容，进而了解市场细分、目标市场及市场定位的含义和作用，同时掌握市场细分的基本方法和技巧。

第一节　市场细分能力

一、现代市场营销理论的核心——STP

STP 营销在现代市场营销理论中，处于核心地位，它主要包含市场细分、目标市场选择以及市场定位这三个方面的因素。

STP 理论认为，消费需求是多层次的，而市场就是将这些复杂的消费需求集合起来的一个综合体。企业不可能满足市场上所有消费者的需求，所以企业应该对这些需求进行分类，也就是按照不同的影响因素来对市场进行细分，从而寻找自己的目标市场，做出最合适的选择。目标市场必须要符合公司的战略规划，同时，要具有良好的发展前景。之后，企业需要对目标市场中的消费者进行深入的了解，从而对产品进行更好的定位，将定位信息通过营销活动来让目标消费者产生兴趣，从而对企业产生注意，产生对产品进行消费的欲望。STP 理论就是企业先对市场进行细致的划分，然后从中选定自己的目标市场，之后将产品进行调整，使之符合目标市场消费者的需求。

STP 理论如图 3-1-1 所示。

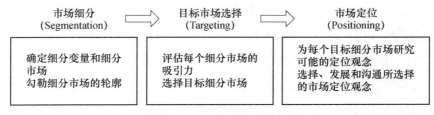

图 3-1-1　STP 策略示意图

二、市场细分的概念、作用

（一）市场细分的概念

市场细分指的是对消费者进行划分，从而形成不同的消费者群，其划分依据主要是消费者的购买动机、爱好、购买行为以及需要等。

（二）市场细分的作用

1. 有利于发现市场机会

市场细分可以使企业对市场进行更加深入的了解，可以对市场进行更加深入的挖掘，从而发现潜在的市场，并对产品的竞争程度进行了解。市场细分对于企业的发展是非常有利的，尤其是对于一些中小企业来说，市场细分是一个非常必要的手段。

2. 有利于产品适销对路

市场细分可以让企业在选择目标市场的时候更加明确。企业只有充分掌握市场和消费者的特点，才能够让产品适销对路，才能在进行市场营销的时候更加具有针对性。否则，如果盲目地选择目标市场的话，只会对企业未来的发展造成不利的影响。

3. 有利于制定市场营销组合策略

市场细分有利于企业更好地制定市场营销活动的方案。企业对市场和消费者都有了一定的了解，可以推出最佳的市场营销组合策略，从而使产品更加符合消费者的需求。

4. 有利于提高企业的竞争能力

市场细分会对企业竞争力产生积极的影响，但是需要注意的是，市场细分必须是有效的，只有这样，才能使企业显现出自身的优势。企业只有对竞争者的优势和缺点进行了解，同时对市场规律进行深入把握，再对自身的资源进行充分合理有效的开发，结合有效的市场营销策略，才能更容易抓住机会，从而使自身在竞争激烈的市场上争取到更多的消费者，使企业自身更加具有市场竞争力，进而促进企业的发展。

三、有效细分市场的基本条件

（一）独特性

对市场进行细分之后我们可以发现，细分市场不同，其特征也不同，这就充分证实了细分市场各自具有其独特性。而这些不同的细分市场会对不同的营销组合产生不同的反应，如果产生相同的反应，那就没有意义了。

（二）可衡量性

细分市场是可以进行衡量的，其衡量的标准主要是购买力和规模。

（三）时效性

细分市场只有拥有足够的规模和一定的可盈利性之后，才能作为有优势的目标市场。只有这样，企业才能够在目标市场中获得收益，从而促进企业的发展，企业投入资源才是值得的。

（四）可进入性

可进入性指的是企业可以进入细分市场，而其程度是没有过多的限制的。只要营销组合成本合理，细分市场就可以被企业进入。

（五）稳定性

一个潜在的顾客可以在一定的时间内稳定于一个细分市场，这就是稳定性。企业要想形成细分市场，就要注意到其因素的变化，营销组合也要及时进行调整，如果市场变化过快，企业进行市场细分就是完全没有意义的，因为过快的变化会使企业的营销方案不停地调整。过大的变化幅度，会使企业的方案无法实施。

（六）可行动性

企业可以借助自身所拥有的资源，制定恰当的营销策略，通过营销组合来吸引目标市场，从而占领目标市场。这就市场细分是具有可行动性的。

四、市场细分因素标准

市场细分因素标准如表 3-1-1 至表 3-1-4 所示。

表 3-1-1　我国地理环境因素细分标准

划分标准	典型细分
地理区域	东北、华北、西北、华南等
气候	南方、北方、亚热带、热带、寒带等
密度	都市、郊区、乡村、边远等
城市规模（人口）	特大城市、大、中、小城市等；或 0.5 万人以下，0.5 万～2 万人，2 万～5 万人，5 万～10 万人，10 万～25 万人，25 万～50 万人，50 万～100 万人，100 万～400 万人，400 万人以上

表 3-1-2　人口统计因素细分标准

人口因素	具体人口因素市场细分
年龄	婴儿、学龄前儿童、学龄儿童、少年、青年、中年、老年等
性别	男，女
民族	汉、满、维、回、蒙、藏、瑶、土家、白族等
职业	职员；教师；科研人员；文艺工作者；企业管理人员；私营企业主；工人；离退休；学生；家庭主妇；失业者等
家庭年收入	1 000 元以下，1 000～10 000 元，10 000～20 000 元，20 000～30 000 元，30 000～50 000 元，50 000 元以上等
家庭人口	1～2 人，3～4 人，5 人以上等
家庭生命周期	年轻单身；年轻已婚无小孩；年轻已婚，小孩 6 岁以下；年轻已婚，小孩 6 岁以上；已婚，儿女 18 岁以下；中年夫妇，老年夫妇，老年单身等
教育程度	小学以下；小学毕业；初中；高中；大学；研究生以上等
宗教	佛教；道教；基督教；天主教；伊斯兰教；犹太教等
种族	白色人种；黑色人种；黄色人种；棕色人种等
国籍	中国人；美国人；英国人；新加坡人

表 3-1-3　消费心理因素

心理因素	具体心理因素市场细分
生活方式	平淡型、时髦型、知识型、名士型等
人格特征	外向型或内向型、理智型或冲动型、积极型或保守型、独立型或依赖型等
社会阶层	上上层、上中层、上下层；中上层、中层、中下层；下层、下下层等

表 3-1-4　行为因素细分标准

行为因素	具体行为因素市场细分
购买时机与频率	日常购买、特别购买、节日购买、规则购买、不规则购买等
追求的利益	廉价、时髦、安全、刺激、新奇、豪华、健康等
使用者情况	从未使用者、曾经使用者、潜在使用者、初次使用者、经常使用者等
使用率	很少使用者、中度使用者、大量使用者
忠诚程度	完全忠诚者、适度忠诚者、无品牌忠诚者
态度	狂热、喜欢、无所谓、不喜欢、敌视等

五、市场细分的步骤

第一步需要选择营销目标，并且将营销目标确定下来。

第二步则需要对市场细分的标准进行深入了解，从而对消费者的需求进行列举。

第三步是对市场进行初步的细分，从而粗略地对市场进行选择。

第四步是从各细分市场中进行筛选。

第五步是对市场的性质以及规模进行审视和检查，为细分市场初步定名。

第六步是对细分市场进行复核。

第七步是对目标市场的规模进行确定，从而根据选定的目标市场制定恰当的营销策略和方案。

第二节　目标市场选择能力

一、目标市场的概念

目标市场指企业在市场细分之后的若干"子市场"中，选定的标的。

二、目标市场的5种覆盖模式

目标市场的 5 种覆盖模式如表 3-2-1 所示。

表 3-2-1　目标市场的覆盖模式

模式类型	特点	优劣势
市场集中化	企业选择一个细分市场，集中力量为之服务	获得强有力的市场地位和良好的声誉。但同时隐含较大的经营风险
产品专业化	企业集中生产一种产品，并向几个细分市场销售这种产品	获得强有力的市场地位和良好的声誉。但同时隐含较大的经营风险
市场专业化	企业专门服务于某一特定顾客群，尽力满足他们的各种需求	尽力满足他们的各种需求，分散经营风险，树立良好美誉度。但一旦这个顾客群的需求量和特点发生突然变化，企业要承担较大风险
选择性专业化	分别进入关系不密切的几个不同细分市场	分散企业经营风险，提供有吸引力的市场机会；必须有相当的吸引力，才能实现一定的利润
完全覆盖市场	企业力图用各种产品满足各种顾客群体的需求，即以所有的细分市场作为目标市场	企业为不同年龄层次的顾客提供各种档次的产品和服务。一般只有实力强大的大企业才能采用这种策略

三、目标市场营销策略

目标市场营销策略如表 3-2-2 所示。

表 3-2-2　目标市场营销策略

目标市场策略	内容	优缺点
无差异市场营销策略	不做市场细分，把整体市场作为一个大的目标市场，试图吸引尽可能多的顾客	优点：可以节省市场/营销成本 缺点：所提供的产品乏味单调，企业在竞争面前更加脆弱
差异市场营销策略	市场细分，选择多个目标市场，分别提供不同产品、制定不同营销策略	优点：有利于开拓市场；更多地满足了各类消费者需要；可以提高知名度，树立企业形象和信誉 缺点：生产成本和经营费用较高；受企业资源的限制
集中市场营销策略	市场细分，选择一个目标市场，集中全部力量进入细分市场，采用同一个营销策略	优点：能更好地满足细分市场的需求；小企业，寻找市场缝隙；经营初期的大企业，积累经验，成本降低 缺点：细分市场太小或经常变化；大的竞争者可能更有效地占有补缺市场

四、影响目标市场营销策略选择的因素

（一）竞争者战略

企业要对竞争者的营销策略进行关注。如果采用无差异营销策略，企业就必须要通过凸显自己的优势与差异性的营销策略来吸引消费者的目光，如果竞争对手采取的就是差异性的营销策略，那么企业则需要对市场进行进一步细分，从而对市场营销策略进行更有效的制定，并实行集中的或者更具有差异性的营销策略。如果竞争对手和自身实力相差较大的话，企业也可以选择无差异营销策略，但是前提必须是企业自身的实力比较强。

（二）企业资源

差异性或者无差异性的营销策略，往往都是在企业非常具有竞争力的情况下才会被采用，只有企业拥有突出的优势和较强的实力，才能够将这种营销策略的优势充分发挥出来。如果企业本身对于多个细分市场无法顾及、实力相对较弱，集中性的营销策略则更为适合。

（三）产品特征

产品的特征也会对市场营销策略的选择造成影响。如果价格是主要的竞争因素，那么一些初级同质性产品，比如钢铁和食盐等，则更适合通过无差异性的营销策略来进行营销。而差异性营销和集中性营销则更适合汽车、家用电器和服装等差别较大的产品。

（四）产品生命周期

在选择市场营销策略的时候，还要注意产品的生命周期。差异性的营销策略往往更适合成熟的产品，企业可以通过差异性的营销策略来对新市场进行开拓；集中营销策略也适合成长阶段和成熟期的产品，因为这种营销策略可以对原有的市场进行保持；而无差异性的营销策略，往往更适合新产品，因为新产品刚刚投入市场，需要对市场进行了解，也没有很多的竞争者，所以这种策略更适合初期产品的发展。

（五）市场特征

在采用营销策略的时候，企业还要对市场特征进行考虑。同质市场适合采取无差异营销策略，反之则更适合采用其他两种营销策略。

第三节　市场定位能力

一、市场定位的概念和依据

市场定位就是将产品的个性表现出来，不仅要对竞争者的产品进行考察，还要对顾客更重视产品的哪种属性进行深入了解，使产品表现出与其他竞争者产品不同的个性，给目标客户留下深刻的印象，从而吸引顾客，促进消费。

产品的成分、构造、性能等实体要素，可以将产品的特征表现出来；同时，消费者对于产品的看法同样也可以体现出产品的个性，产品的质量和价格都是产品鲜明特征的表现。企业要先对产品的形象特征进行确定，只有这样，产品才能进行合理的市场定位。

二、市场定位的方式

市场定位有多种方式，体现的是一种产品的竞争关系，或者是不同企业之间的竞争关系，甚至一家企业中类似的产品也会通过市场定位这种竞争战略体现出竞争关系。

（一）领先定位

领先定位比较适合的产品是那种无法替代的产品。

（二）空隙定位

空隙定位指的是抓住市场上的空白点，避免竞争对手实力过强，进而影响到企业自身产品的发展。大多数企业往往都会采用空隙定位，从市场上的空白点这一角度来对自家产品开发新的形象、创造新的特征。这种定位方式大多会取得成功。

（三）比附定位

比附定位指的是不去占据最高阶，退而求其次。

（四）对峙定位

对峙定位指的是和最强的竞争对手进行竞争，这种定位方式通常容易出现问题，但是很多企业还是会选择这种方式，从而激励企业的发展，而且通过这种方式进行市场定位，一旦取得成功，企业在市场上的发展就会占据很大优势。

（五）初始定位

初始定位指的是企业在初入市场的时候，或者是产品在初入市场的时候，从零开始发展，充分了解目标市场，使产品特色与之相符。

（六）重新定位

重新定位指的是对产品进行改变，从而使之形成新的特色，给顾客留下新的形象，从而改变产品原有的个性特征。在企业市场上发展的时候，这种策略是一定会被采用的，因为市场的环境变幻莫测，企业要想更好地适应市场，就必须要不断调整自身的策略。采取这种措施，通常是在两种情况下：一是竞争者对企业品牌造成了威胁，其市场定位距离本企业产品过近；二是消费者发生转变，消费者开始对竞争对手的产品感兴趣。需要注意的是，重新定位必须要对成本进行考虑。

市场定位的方法除了以上提到的几种之外，还有很多种，企业可以根据使用者、质量和价格、用途、竞争局势等一系列因素进行市场定位。

三、市场定位的步骤

市场定位要显示出企业自身的优势，从而使企业表现出与众不同的优势。市场定位通过集合企业自身优势，使企业潜在的优势也可以被激发出来，进而对企业进行正确合理的定位。

（一）明确企业潜在的竞争优势

企业的营销人员要调查竞争对手的优势、定位以及产品；要对消费者喜爱同类产品的程度进行明确，评估经营情况，了解市场定位的相关因素；要对成本进行相关的深入了解和分析，把握消费者最关心的因素。在进行决策时，要将这些因素作为参考的依据，从而实现对消费者的满足，将企业自身潜在的独特优势凸显出来。

（二）选择企业相对的竞争优势和市场定位策略

所谓相对，就是指和竞争对手相比，发掘企业自身超过竞争对手的优势，这种优势有可能是企业自身本身就具备的，准备要发展和激发的还有可能是虽然现在不具备，但是准备要创造的。企业可以通过差异化的营销方案来将自身的优势和特色凸显出来，从而显现出自身相对的竞争优势。

（三）准确地传播企业的市场定位

企业要通过不断的宣传，给消费者留下深刻的印象，使消费者明确企业产品的优势和特色，并将企业的形象建立起来，这种形象的建立应该和企业的市场定位保持一致；企业还要对这一形象进行巩固，从而使消费者可以保持稳定。如果消费者对于企业产品的市场定位不再明确，那么企业要进行及时纠正。如果由于企业自身的失误，导致宣传的市场定位和形象出现偏差，那么企业仍旧要及时将失误纠正过来。

四、市场定位战略

（一）对抗定位策略

对抗定位指的是企业和最强的竞争对手进行竞争，并争夺市场位置和消费者。企业采用这种策略往往是为了激励自身的发展，因为一旦取得成功，企业将在市场上取得不小的份额。

（二）避强定位策略

避强定位就是避免竞争，当然，并不是说完全不竞争，而是对市场上的空白点进行开发，从而占领新的市场。

（三）重新定位策略

重新定位指的是对产品进行新的形象更新，从而让消费者对产品形象能够产生新的认识。在不断变化的市场中，重新定位是一定要进行的。

五、成功市场定位的原则

（一）定位应当是有意义的

企业的定位不能没有实际意义，否则进行市场定位将完全失去作用。

（二）定位应当是可信的

企业在进行市场定位的时候，应该是可以让消费者信服的。如果一个企业说自己可以为所有人提供服务，那这一定是虚假的，消费者也不会相信，这反而会损害企业的名誉。

（三）定位必须是独一无二的

企业进行市场定位的时候应该注意差异化。为了保持领先，市场定位就必须充分体现企业自身的优势和特色，比如企业可以是创新、技术、服务等各方面的领先者。

第四章　营销组合技能养成

企业的综合营销方案就是"营销组合"，即针对目标市场需要，企业对自身可控的产品广告、质量、渠道、包装、价格、服务等营销因素进行优化组合，综合加以运用，确保营销目标的更好实现。本章重点对六方面内容进行阐述，分别为产品策略能力、品牌策略能力、定价策略能力、分销渠道策略能力、公关能力和广告能力。

第一节　产品策略能力

一、营销组合的含义和特征

（一）营销组合的含义

尼尔·鲍顿（Neil Borden）最早提出营销策略组合概念，在他看来，企业营销组合覆盖十二个因素组合，包括调研分析、物流、售后服务、售点展示、包装、销售促进、广告、人员销售、渠道、品牌、定价、产品。在他之后，针对营销策略，也有部分营销学者提出了不同的组合方式。例如，佛利（Frey）提出的二元组合，其中一元为供应物因素，即密切关联于购买者的因素，如服务、价格、品牌、包装、产品等；另一元为工具与方法，即密切关联于企业的因素，如公共关系、销售促进、广告、人员推销、分销渠道等。拉扎（Lazer）和柯利（Kelly）的三元组合，其一为服务与产品的组合，其二为分销渠道的组合，其三为促销手段和信息的组合。

杰罗姆·麦卡锡（美国市场营销学家）在 1960 年归纳了各种因素，并总结为四个主要方面的组合，分别为促销、地点、价格和产品。围绕上述四方面，企业的营销策略形成了四种不同类型的营销组合。

（二）营销组合的特征

1. 整体性

围绕特定营销目标，企业要展开营销活动。所以，企业必须以该特定营销目标为指导，组合各种营销策略，使之形成统一整体，彼此配合、彼此协调，凝聚成一股强大合力。企业应当对运用各种策略时所产生的正反效应加以权衡，将企业的营销策略组合控制在一定程度内，从而使之发挥最佳整体效应。

2. 复合性

一般来说，企业的营销活动就是综合运用多种营销策略。企业做出的营销决策，几乎每一项都能体现出不同层次上几种营销策略的相互复合。例如，从整体来看，企业营销活动囊括四大基本营销策略的组合——促销、分销、定价、产品。而具体到每一项营销策略上，又囊括公共关系、销售促进、人员推销、广告等具体手段。各项具体的营销手段或许仍会囊括更为具体的营销技巧。

因此，各项营销决策，不只是四种基本营销策略的组合，从本质来看，它复合运用了各营销决策中具体的营销技巧及手段。

3. 灵活性

如上所述，因为营销策略组合本质是复合运用多种营销技巧、手段与策略，所以，面对复杂多变的营销环境、针对不同营销的营销目标，企业营销策略的组合也应当具有灵活性，如此才能与复杂多变的营销环境、不同营销目标的需求相适应。

4. 主动性

实际上，营销策略是企业组织、运用其内部可控资源的方式。因此，在选择营销策略组合并对之加以运用时，企业应当具有主动性。具体而言，在营销活动中，企业应当具备充分的自主权，避免遭受外界过多的干扰。企业营销活动是失败还是成功，很大程度上取决于企业是否掌握了营销决策的自主权。

二、产品与产品组合

菲利浦·科特勒对产品的定义为：产品是能够提供给市场以满足人们需要和欲望的任何东西。产品在市场上包括实体产品、服务、体验、事件、人物、地点、财产、组织、信息和创意。

（一）产品的整体概念

市场营销学中所理解的产品与人们通常的看法有很大差异。人们通常认为产品就是看得见、摸得着的有形实体。从这种看法的角度来讲，营销人员就没有多少事情可以做，只要不断改进产品的有形实体部分即可。但市场并不认可这种单一的观点，而是综合考虑能够给予顾客利益的产品的每个层次。产品的整体概念应该包括以下五个层次。

1. 核心利益

核心利益是顾客真正想购买的基本服务或利益。消费者购买一个钉子，并不是买钉子的实体部分，而是购买钉子能够给顾客带来的"效用"。

2. 基础产品

基础产品是囊括核心利益的产品形式，生产者通过产品的基础形式将产品的核心利益传递给消费者。例如，汽车提供的出行方便的效用必须借助汽车的形式，没有这种形式，消费者就无法获得该种效用。可见，核心利益和基础产品是不能够分离的。

3. 期望产品

期望产品是指消费者购买产品时通常希望和默认的一组属性和条件，这种属性和条件一般是消费者获得产品效用的基本保证。脱离了期望产品，企业将无法完美地将产品效用给予消费者。例如，消费者住旅店大多希望能够获得干净的床上用品、淋浴设备和安静的环境，这是该产品本身所蕴含的要求。营销人员的工作必须建立在消费者的期望产品得到提供的基础上。

4. 附加产品

附加产品是指生产者或销售者为了创造产品的差异化而给予消费者增加的服务和利益。例如，大部分商家都为顾客提供送货上门、安装等服务。附加产品有转化为期望产品的趋势，当产业内所有的企业都向消费者提供了相同的附加产品之后，附加产品就会被消费者当作理所当然的期望产品看待。例如，消费者想当然地认为家电专卖超市应该提供送货上门服务，事实也的确如此。

5. 潜在产品

潜在产品是指产品最终可能会带给消费者的全部附加产品和将来会转换的部分。潜在产品能够带给产品足够的差异化形象，给企业的产品带来竞争优势地位，这主要通过提高顾客的满意度来实现。美国营销学者西奥多·李维特认为，未来竞争的关键不在于企业能生产什么产品，而在于其产品所提供的附加价值：包装、服务、广告、用户咨询、融资、送货安排、仓储和人们所重视的其他价值。

（二）产品组合

产品组合即产品品种的搭配，是一个特定的销售者售予购买者的一组产品，它包括所有的产品线和产品项目。例如，花王公司拥有三条主要的产品线，即消费品、高级化妆品和化学产品，而每个产品线又由众多子产品线构成。消费品线可以分解为纺织品和家用护理品、个人护理、妇女和儿童护理、健康护理以及专业护理产品。每条产品线和子产品线又拥有许多单个的产品项目。

产品组合的衡量标准可以分为产品组合的宽度、长度、深度和相关度。以宝洁公司为例来说明这些问题。（表 4-1-1）

表 4-1-1　宝洁公司的产品组合宽度和产品线长度（包括市场导入期）

	产品组合的宽度			
	清洁剂	牙膏	条状肥皂	纸巾
产品线长度	象牙雪 1930、德来夫特 1933、汰渍 1946、快乐 1950、奥克雪多 1914、达什 1954、波尔德 1965、盖恩 1966、伊拉 1972	格利 1952、佳洁士 1955	象牙 1879、柯克斯 1885、洗污 1893、佳美 1926、爵士 1952、保洁净 1963、海岸 1974、玉兰油 1993、帮宝适 1961、露夫 1976	媚人 1928、粉扑 1960、旗帜 1982、绝顶 1992

宝洁公司在中国的品牌包括：飘柔、潘婷、海飞丝、沙宣、伊卡璐、舒肤佳、玉兰油、护舒宝、封面女郎、帮宝适、佳洁士、欧乐-B、汰渍、碧浪、品客、吉列、锋速 3、博朗、金霸王、南孚。

1. 产品组合的宽度

产品组合的宽度是指产品组合中包含的产品线的数量。产品线越多，产品组合越宽。由表 4-1-1 可知，宝洁公司有 4 条产品线，这就是在量上给予产品组合宽度的衡量。企业发展多条产品线，主要是为了降低经营风险。

2. 产品组合的长度

产品组合的长度是指企业产品组合所包含的产品项目的数量。把企业所有产品线包括的产品项目加总，就可以在量上衡量企业产品组合的长度。如表 4-1-1 所示，宝洁公司共有 25 个产品项目，这就是宝洁公司产品组合的长度。企业增加产品组合的长度，可以最大化货架空间，并且给予消费者多样化的选择，从而建立企业对于竞争对手的优势地位。

3. 产品组合的深度

所谓"产品组合的深度"，指的是企业各产品线上产品类型、品种、花色的数量。举例而言，某种牙膏有两种配方（花香味和薄荷味）以及三种规格，那么其深度则为"6"。通过对各品牌产品品种的数目进行计算，便能将该牙膏生产公司的产品组合之平均深度计算出来。

4. 产品组合的相关度

所谓"产品组合的相关度"，指的是在销售方式、生产技术、最终用途以及其他方面，各产品线的彼此关联度。

具体而言，最终用途相关度高，则为市场关联性（又称消费关联性）组合。例如，某家企业同时对电脑台、打印纸、电脑等产品进行经营，那么这些产品就属于"市场关联性"组合。

生产技术相关度，指的是在工艺流程、原材料、生产设备等方面，企业经营的各种产品之间的关联度，关联度高的，则被称为"生产关联性"组合。例如，某企业同时对洗衣机、电冰箱、电视机进行生产，那么这些产品就属于生产关联性组合。

销售方式的相关度，通常指的是在广告促销、仓储运输、销售渠道等方面，各种产品之间的关联度，关联度高的，则被称为"销售关联性组合"。

产品组合的相关度，密切关联于企业开展的多角化经营。有着较大相关度的产品组合，对企业的经营管理是很有帮助的，能够使企业轻松获得不错的经济效益；反之，如果产品组合有着较小的关联度，则代表该企业主要为投资型企业，虽然有着较为分散的风险，不过也有着较大的管理难度。

（三）产品的分类

1. 消费品

所谓消费品，指的是将销售目标对象定位为消费者个人的产品。我们可以从不同角度对消费品进行不同分类。市场营销学认为，消费品有便利品、选购品和特殊品三种类型，其划分依据为消费者对产品进行购买时的购买行为特征。

（1）便利品。或许对它的另一个名字更为熟悉，那就是"日用品"。其主要指消费者需经常购买、有着低廉价格的产品。在购买便利品时，消费者呈现出如下购买特征：不愿耗费过多时间，想快速完成购买；不会过多比较同类产品，大多就近购买，需要时就要买到。饮料、肥皂、毛巾、洗衣粉、牙膏、洗面奶、卫生纸等，都属于便利品。当企业生产经营便利品时，应当尽可能对商品的销售网点予以增加，尤其要在居民住宅区附近铺下网点，这是非常关键的。

（2）选购品。消费者愿意付出较多时间购买的商品，就是选购品。一般来说，在对选购品进行购买前，消费者会对同类商品反复比较，对产品特色、品牌较为关注。在产品中，选购品占大多数，也有着比便利品更高的价格。

通常而言，消费者对选购品缺乏相应的专业知识，所以购买时，往往会耗费较长时间，如手机、家电、农具、皮鞋、服装等产品，都是选购品中非常典型的代表。

当企业生产经营选购品时，要让产品凸显特色，同时将商品的有关信息持续传达给消费者，为他们提供帮助，使之能够对有关产品的专业知识有更深的了解。因为消费者愿意耗费时间对选购品进行寻找，所以企业无须大面积增加销售网点，或者将销售网点铺在居民住宅区附近，而是应当在有着很高声誉的商店内，或是有名的商业中心对选购品销售点进行设立，如此所取得的销售效果将较为理想。

（3）特殊品。拥有著名商标或者品质独特的产品便是特殊品。在购买特殊品时，消费者并不是很在乎价格，而对信誉与商标更为关注，同时也愿意努力对这类产品进行寻找，如莱克斯手表、皮尔·卡丹西服、本田摩托车、金利来领带等，都属于特殊品。因为消费者在购买特殊品时，往往不惜远道而来，所以在销售特殊品时，企业无须考虑消费者是否能便捷购买，只要让消费者明确了解在何地能购买到所需的特殊品即可。

2. 工业品

人们通常将产品进入生产过程的重要程度作为工业品的分类依据。

（1）零部件和原材料。最终将彻底转化为生产者所生产的成品中的产品，便是零部件、原材料。

所谓原材料，就是矿产、农、林、畜、渔等部门提供的产品，如铁矿石、钢、石油、牛奶、羊毛、粮食等，它们构成产品的物质实体。通常来说，这些产品的销售有国家专门渠道，也有其标准价格，常常要对长期销售合同进行签订。

所谓零部件，主要指的是用以组装整件的制成品，如自行车的脚蹬、服装上的纽扣、电动车的电瓶、汽车的轮胎等。在不对自身原本形态进行改变的前提下，这些产品能够直接变为最终产品的组成部分。所谓半成品，是被处理、加工过的原材料，被用来再次加工，如面粉、钢板、白坯布、水泥、电线等。通常而言，针对零部件、半成品，供需双方需要签订合同，供方将零部件、半成品直接提供给需方，双方一起对产品数量、品质、价格等予以确定。

（2）生产设备。生产设备是对生产过程直接参与的生产资料，包括附属设备和装备两大类。

所谓装备，囊括固定设备、地权和建筑物。建筑物主要为仓库、办公楼、厂房等。地权主要为土地耕种权、森林采伐权、矿山开采权等。固定设备主要为牵引车、发动机、电子计算机、机床、锅炉等主要生产设备。

相较于装备，附属设备有着更低的金额、更短的耐用期，属于非主要生产设备，如办公打字机、模具、工具等。对于这类产品，购买者会提出较高的标准化、通用化要求，购买往往要通过中间商进行。

（3）供应品。供应品不会对生产过程直接参与，而是为生产过程提供帮助，使之得以顺利进行，包括维修用品和作业用品两类。

作业用品有着较大的消耗，企业需要经常对作业用品进行采购，如机器润滑油、墨水、签字笔、打印纸等。

维修用品，主要包括螺帽、螺栓、铁钉、油漆、清扫用具等。

供应品主要为标准品，有着较大消耗量，购买者有着较为分散的分布，因此其销售常常要借助中间商的力量。在购买供应品时，消费者往往不会偏好某一特定品牌，主要考虑服务与价格两方面因素。

（4）商业服务。商业服务能够为生产过程的顺利进行提供帮助，能够让作业变得更加简易，主要涉及咨询服务、维修服务。维修服务主要包括维修办公用具（如电脑、打印机、扫描仪等）、刷油漆、清扫等，咨询服务主要包括委托广告、法律咨询、业务咨询等。

（四）产品组合策略

产品组合状况直接关系到企业销售额和利润水平，企业必须进行产品大类销售额和利润的评价与分析，同时做出抉择，是否对某些产品项目或产品线进行剔除或强化。产品利润水平和大类销售额分析，主要指的是对现行产品大类中不同产品项目提供的利润水平、销售额进行评价与分析。

在对产品组合进行优化、调整时，企业可以从不同情况出发，对如下策略进行选择。

1. 扩大产品组合

扩大产品组合包括对产品组合的深度进行增强和对产品组合的宽度予以拓展，前者指的是将新产品项目增添至原有产品大类中；后者指的是将一个或几个产品大类增添至原有产品组合中，实现产品范围的扩大。

2. 缩减产品组合

在繁荣的市场环境下，很多企业都能因较宽、较长的产品组合收获更多盈利机会。不过，当能源、原料供应紧张或市场不景气时，适当对产品组合进行缩减，或许反而可以起到提升总利润的效果。

3. 产品延伸

任何企业的产品的市场定位都是特定的。产品延伸策略指的是对公司原有产品的市场定位进行部分或全部改变，具体可采取如下三种措施。

（1）向下延伸，即企业原来对高档产品进行生产，之后也开始对低档产品进行生产。

（2）向上延伸，即企业原来对低档产品进行生产，之后也开始对高档产品进行生产。

（3）双向延伸，即企业原来对中档产品进行生产，在对市场优势进行掌握之后，决定将生产延伸向产品大类的上下两个方向，也就是说，既生产低档产品，又生产高档产品，实现市场阵地的扩大。

三、产品生命周期

（一）产品生命周期的含义

所谓"产品生命周期"，指的是从进入市场到退出市场，产品的周期化变化过程。有的人可能认为，产品的使用寿命就是其生命周期，其实这是错误的，产品的市场寿命才是其生命周期。

在营销学者看来，市场导入期、市场成长期、市场成熟期和市场衰退期是产品市场生命周期需要历经的四个阶段，如图4-1-1所示。

导入期，指的是产品最初进入市场的时期，在这一阶段，产品销售量缓慢增长，存在较高的开发成本、较小的销售量。因此，在导入期，新产品仅仅是回收成本，通常无利润甚至负利润。

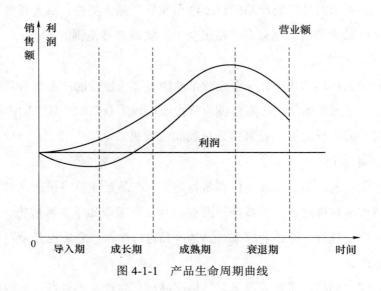

图 4-1-1　产品生命周期曲线

成长期，指的是已经有大量消费者接受新产品的时期。在这一阶段，产品销售量上涨颇为迅速。由于销售量的扩大与上升，产品也渐渐显现出自身的规模效应，不断降低单位成本，开始持续增加自身销售利润。

成熟期，在这一阶段，因为该产品市场渐渐变得饱和，或出现了强有力的竞品，所以销售量增长速度渐渐变缓，呈现下降态势。因为在这一阶段，企业要对产品市场进行维护，会投入较多的销售费用，故而产品利润也渐渐下降。

衰退期，在这一阶段，消费者转移了自身兴趣，市场也开始被竞品、替代品逐步抢占，产品销售量将下降迅速，直至最终离开市场。

（二）特殊的产品生命周期

1. 风格

风格诞生之后，很可能绵延数代，根据人们对它的兴趣，表现为一种循环再循环的模式，有时是流行的，有时却又不流行。图 4-1-2 为风格型产品生命周期曲线。

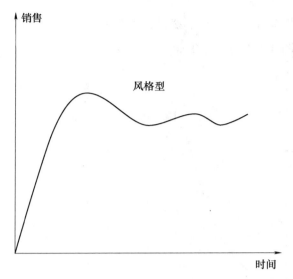

图 4-1-2 风格型产品生命周期曲线

2. 时尚

时尚型产品生命周期有着如下特点：产品问世时，只有一小部分人能够接受，然而伴随时间增长，接纳人数也越来越多，最终该产品得到消费者的普遍接受，继而渐渐走向衰退，消费者开始向另一种更能吸引他们的时尚投去目光。图 4-1-3 为时尚型产品生命周期曲线。

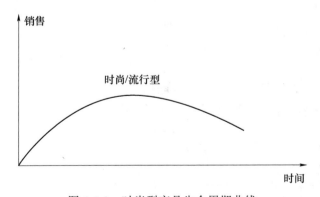

图 4-1-3 时尚型产品生命周期曲线

3. 热潮

一般来说，热潮型产品的生命周期有着如下特点：成长迅速、衰退迅速。其原因在于，这种类型的产品仅仅对消费者一时的需求或好奇心予以满足，仅仅对少部分标新立异、追求刺激的人产生吸引力，往往难以对更强烈的需求予以满足。图 4-1-4 为产品生命周期曲线。

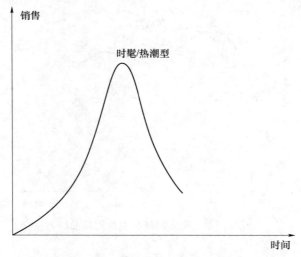

图 4-1-4 时髦/热潮型产品生命周期曲线

4. 扇贝

总的来说，"扇贝型"产品生命周期指的是产品生命周期不断地延伸再延伸，这往往是因为产品创新或不时发现新的用途。产品生命周期曲线如图 4-1-5 所示。

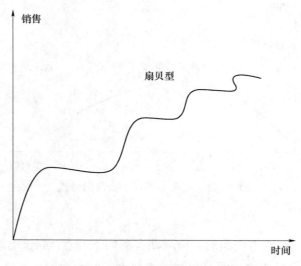

图 4-1-5 扇贝型产品生命周期曲线

（三）产品生命周期各阶段的策略

1. 导入期的营销策略

在刚刚被投入市场时，新产品的销售量不会"一日千里"，其增长是较为缓慢的，利润微薄甚至处于亏损状态。造成这一现象的原因是，企业未能形成全部生产能力，工人未能熟练开展生产操作，有着较高的废品、次品率，这些都致使成本增加。同时，面对新产品，消费者也要经历一个从陌生到熟悉的认知过程，不会立刻接受新产品。所以，在导入期，企业采取的基本策略应当对"快"字进行突出，从而让产品加快速度步入成长期。具体而言，企业可以对如下策略进行采用。

首先，快速撇取策略。企业在对新产品进行推广时，采用高促销、高价格的方式。高促销旨在尽快打开销路，让消费者广泛了解新产品；高价格旨在让企业更快收回成本，收获高利润。在开展高促销时，企业要利用多种促销手段，不断提升刺激强度，不仅要大规模开展广告宣传，也可以对特殊手段加以运用，诱导消费者试用新产品、购买新产品。例如，企业可以将样品赠送给消费者，或者在老产品中免费附送新产品样品等。

企业要注意，快速撇取策略适用于如下市场环境：新产品尚未被绝大部分消费者了解、认识；知晓新产品的消费者购买欲望强烈，对价格不太关心；产品有潜在的竞争对手；企业想实现产品声誉的提升。

其次，缓慢撇取策略。企业在对新产品进行推广时，采用低促销、高价格的方式，旨在对最大利润进行撇取。因为低促销能够削减营销成本，而高价格则能让企业快速回本，获取高利润。

企业要注意，缓慢撇取策略适用于如下市场环境：市场规模有限；新产品已被大多数消费者认知、了解；购买者不敏感于产品价格；产品有较少的潜在竞争对手。

再次，快速渗透策略。企业在对新产品进行推广时，采用高促销、低价格的方式，旨在对最高的市场份额进行获取。因此，企业在低水平区间确定新产品价格，从而让更多的消费者对新产品予以认可。除此之外，还开展大规模促销活动，向更多的人传递有关新产品的信息，对其购买欲望进行刺激。

快速渗透策略适用于如下市场环境：市场规模大；消费者鲜有了解该产品；购买者对价格非常敏感；有着众多潜在竞争对手。

最后，缓慢渗透策略。企业在对新产品进行推广时，采用低价格、低促销的方式，旨在通过低价规避竞争，让消费者对新产品尽快接受，削减促销费用实现经营成本降低，让企业的利润得到保障。

缓慢渗透策略适用于如下市场环境：产品有着非常庞大的市场；购买者对价格较为敏感；产品有着较高知名度；产品有着较大的潜在竞争压力。

2. 成长阶段的营销策略

在经受住市场严峻考验后，新产品就步入了新阶段——成长阶段。成长阶段有着如下特点：直线上升的销售量以及迅速增加的利润。因为产品已基本定型，所以大大降低了次品、废品率，有着畅通的销售渠道，这一切都极大削减了产品经营成本，产品销售前景可谓一片光明。

在成长阶段后期，因为产品利润很高，所以将面临越来越多的竞争对手，产品之间的竞争将变得"白热化"。因此，成长阶段企业采取的营销策略，应当对"好"字进行突出，尽最大努力对销售的增长速度进行维持，为产品的尤良品质提供保障。具体而言，可以采用如下策略：对产品品质进行改进、对新市场进行扩展、对产品与企业的地位进行强化、对产品的售价进行调整等。

在成长阶段，企业通常会站在"十字路口"，犹豫到底应当选择高利润还是选择高市场占有率。这二者看起来是矛盾的，因为如果想实现市场占有率的提升，企业就必须对产品进行改良，促使价格降低，投入更多营销成本，这些都会削减企业利润。不过，换个角度来看，假如企业能够对高市场占有率进行维持，就能在激烈竞争中始终占据优势，处于有利地位，对今后的发展也是大有裨益的。虽然企业看似对眼前的高利润进行舍弃，然而在之后的成熟期阶段，还是能收获更多补偿的。

3. 成熟期阶段的营销策略

在到达巅峰后，产品的销售增长速度会逐渐放慢，来到相对稳定的时期。成熟期阶段有着如下特点，产品销售时间长、销售利润高、销售数量多。不过，在这一时期的后半段，当销量达到顶峰后，就会渐渐回落，相对应地，利润也会渐渐下滑。

针对成熟期阶段，企业在对营销策略进行制订时，应对"优"字予以突出。企业必须采取积极的进攻策略，而不能一味消极防御，要将产品的特定优势建立起来，并对之大力宣传，从而实现产品销售的增加，或使之保持稳定。具体而言，可以采用扩大市场、改进产品、改进营销组合等策略。

4. 衰退期阶段的营销策略

衰退期阶段的特征很明显，即"快速下降的销售额、利润额"，一般来说，企业会处于微利境地，甚至无利可图。

具体而言，在这一阶段，企业应当基于"转"字采取营销策略。企业应当认识到，所有产品都不会"长盛不衰"，无可避免要走向衰退，而企业应当在这时积极开发新产品，做好规划，让新产品顺利衔接，避免"青黄不接"的问题。除此之外，从市场形势出发，企业一方面要保证一定的生产量，从而对部分市场占有率进行维护；另一方面也要做好准备将产品撤下。所以，企业应当将营销费用逐步减少，从而避免利润严重下跌。

四、新产品开发

（一）新产品的含义

科技开发意义上的"新产品"和市场营销学中的"新产品"，从含义来看并不能完全画等号，具体来说，后者有着更为广泛的内容。具体而言，后者包括模仿新产品、改良新产品、换代新产品和完全新产品。

1. 完全新产品

"完全新产品"完全一致于科学技术开发意义上的新产品，指的是全部利用新技术、新材料、新原理制成的产品，其功能是全新的，基本不会雷同于现有产品。

通常而言，完全新产品代表着科学技术发展史上取得了新突破。例如，19 世纪 60 年代到 20 世纪 60 年代，电脑、电话、电视机、飞机、复印机、尼龙等，就是举世公认的最重要的新产品。

2. 换代新产品

"换代新产品"应当在产品性能方面有着重大突破性的改进。举例而言，自电脑诞生之后，从最开始的电子管（第一代），逐渐发展为当前大规模集成电路电子计算机（第四代），中间也经历了晶体管、集成电路（即第二代、第三代）阶段。当前，全世界都在积极对人工智能电脑（即第五代电子计算机）进行开发。虽然从基本功能、基本原理来看，无论第几代，它们都属于电子计算机，能够对同一类型需要进行满足，不过，它们具有的功能、采用的技术却千差万别。因为各时期的换代新产品在材料、技术、原理方面具备一定的延续性，因此相对于对完全新产品进行开发，企业开发换代新产品是更为轻松的，付出的成本也相对较低。

3. 改良新产品

"改良新产品"的改进是局部的，如产品包装、材料、颜色、结构、造型、性能等方面。通常来说，改良新产品不会从本质上改进产品的基本功能。举例而言，手表从原本的圆形变为方形，继而演变为多种艺术造型，这些不同造型的手表都属于"改良新产品"。因为改良新产品不需要特别高的科技开发条件，因此企业凭借自身力量就能开发。纵观新产品开发，最多的当属"改良新产品"。

4. 模仿新产品

人们往往用"地域性新产品""企业新产品"指代模仿新产品。具体来说，是已经存在于市场中、企业却未生产过的产品，或已经存在于其他地区、本地却未生产过的产品。因为开发、生产这些产品，从本质来看都是模仿已有产品，因而被称为"模仿新产品"。

（二）新产品开发组织

1. 产品经理

很多企业都让产品经理负责开发新产品的工作，这看似合理，然而在实践中，产品经理通常在现有产品生产上投入主要精力，而未能对新产品开发予以更多重视。因此，单纯让产品经理对新产品的开发进行组织，是有所欠缺的。

2. 新产品经理

部分企业专门对"新产品经理"职位进行设立，旨在助推新产品开发。

新产品经理往往隶属于产品经理，其职责就是"新产品开发"，这对制订、实施新产品开发计划而言是很有帮助的。不过，也要看到，因为新产品经理隶属于某一产品经理，导致其开发新产品的思路也总是囿于某一产品领域，难以向更广阔的范围拓展。在部分大公司中，如果采用此种做法，很可能造成新产品开发在整体观念上存在欠缺，很可能产生互争资源、彼此排斥的问题。

3．新产品开发部

为防止上述矛盾产生，部分大公司特别设立了"新产品开发部"，进一步强化新产品开发的指导工作。"新产品开发部"对新产品的开发工作全权负责，不仅会集中有关专家，研究新产品的开发事宜，还具有如下职能：对新产品的构思进行组织与筛选、对新产品的开发与试制加以协调、组织营销策略组合、开展新产品试销等等。"新产品开发部"的成立，能够从整体层面行之有效地对新产品开发工作进行推进。

4．新产品开发项目组

在对新产品进行开发时，部分企业会专门成立新产品开发项目组，对多方力量加以集中，针对开发工作不断攻关。显然，"新产品开发项目组"属于任务型，其优势也很明显，有着明确的目标，能够对多方力量予以调动，保证集中攻关，避免出现效率低下等问题，因而在开发新产品过程中，属于良好组织形式。

5．新产品开发委员会

部分企业对在自身最高层次的新产品开发委员会进行设立，对企业新产品开发工作予以统一协调。一方面，在统筹规划企业新产品开发工作方面，这是大有裨益的；另一方面，企业也能从自身总体发展规划角度，研究新产品开发工作，从而让新产品的开发呈现全局意义。

（三）新产品开发程序

1．创意的产生

（1）创意的来源

创意的来源包括以下几个方面：

① 顾客。从顾客的抱怨中，企业可以发现产品在哪些方面可以做出改进，从而产生新产品的创意。同时，企业通过对消费者行为的研究也可以得到很多创意。

② 员工。企业的员工也是创意的一个重要来源。具有创造力的员工，通常会提出很多有意义的创意，企业如果把这些创意收集起来，那就能为企业带来很大的益处。例如，丰田公司的员工每年会提出 200 万个新创意，并且 85%被企业执行，从而给企业带来巨大的经济效益。

③ 专家。专家和学者的发明，也是企业新产品的一个重要来源。

④ 竞争者。企业通过对竞争者产品和服务的观察也可以获得创意。把竞争者的产品和服务与企业的产品和服务作一个对比，从而发现消费者喜欢竞争者产品和服务的原因所在，便可以得到改善企业产品的路径。

⑤ 经销商。经销商与消费者保持着密切的接触，他们能够很方便地获得关于消费者的第一手资料。与此同时，他们也很清楚地知道竞争者的发展情况。

⑥ 高层管理者。企业的高层管理者，能够接触到大量关于市场的信息，使他们也能够提出很多创意。

创意的其他来源还包括发明家、专利代理人、大学和商业性的实验室、行业顾问、广告代理商、营销研究机构和工业出版物。

（2）产生创意的方法

① 属性列举法。列出一个产品的各种属性，然后对每一种属性进行修正，从而产生与原产品相比具有创新性的产品。

② 强制关联法。将几个不同的物体排列出来，然后考虑每一物体与其他物体之间的关系。例如，在设计新的办公用具的时候，可以考虑将桌子、书橱和文件柜分别进行构思。我们可以设想一张连着书橱的书桌，或一张带有文件柜的桌子，或者一个包括文件柜的书橱。

③ 物型分析法。把能够满足同种需要的产品进行组合，以创造出新的产品。

④ 反转假设分析。列出关于某种产品或某项服务的所有正常的假设，然后对这些假设进行反转，以创造出新的产品或服务。例如，正常的饭店都有

菜单以供顾客点菜，反转这些正常的假设，就得到由厨师决定顾客吃什么菜的饭店。

⑤ 新情景分析。列举一个过程，如成人护理服务，然后进入一个新的环境。想象帮助动物而非人进行护理。

⑥ 想象图法。开始于一个想法，如汽车，写在纸上，然后想象进入另一个想法（如奔驰），联系到汽车，然后进入另一个联想（德国）。这样，每次用一个新词深入联想，也会使一个新创意逐渐具体化。

2. 创意的筛选

企业不可能将所有的创意都付诸实施，因此，必须有一个对创意进行筛选的过程。

（1）创意筛选程序。企业通常需要设立一名专事创意筛选的经理，专门负责对各种创意的收集，在收集创意之后，要加以筛选，并划分为"放弃的创意""暂时搁置的创意"以及"有前途的创意"。之后，创意经理向创意委员会递交"有前途的创意"，并进行审核。最后通过审核的创意，将被企业付诸实施。

（2）创意筛选中的谬误。创意筛选过程中的谬误，会给企业带来或大或小的损失，因此，必须给予它们足够的重视。

误舍谬误，这种谬误主要是指企业将那些有缺点但却很有价值的创意舍弃。IBM 就曾经舍弃过个人电脑这样的创意。误用谬误，这种谬误主要是指企业将一个有错误的创意付诸实施。这种谬误包括以下内容：产品的绝对失败——指企业不仅损失了金钱，而且其销售额连变动成本都无法收回；产品的部分失败——指企业虽然损失了金钱，但它的销售可以收回全部的变动成本和部分固定成本；产品的相对失败——指企业能够收回一定的利润，但低于公司正常的报酬率。

（3）创意的分等。对于众多通过筛选的创意来说，企业必须找出那些有必要优先付诸实施的创意，这就涉及对创意的分等。创意的分等主要采用指数加权法进行。

3. 产品概念的形成

创意必须转化为市场可接受的产品概念才能为企业所采用，并且为进一步的产品开发打下基础。

（1）形成产品概念。产品创意是企业希望提供给企业并为企业所接受的一个可能产品的设想，而产品概念则是用有意义的消费者术语来表达的详细的构想。通过以下几个问题的组合，一个产品创意可以转化为几个产品概念：

① 产品的使用者是谁？

② 产品对消费者的益处是什么？

③ 产品的使用场合在哪里？

（2）发展产品概念。通过上述步骤所形成的每一种产品概念都是一个类别概念。接下来的步骤是给每一个类别概念给予相应的市场定位。最后，产品概念发展成为品牌概念。

（3）产品概念测试。企业发展出来的产品概念要在目标消费者中给予测试，以查看该产品概念与市场的匹配度如何。在这一过程中，可以借助计算机绘制出未来产品的样子，随后让顾客发表对该产品的看法。对于秉持现代市场营销观念的企业来讲，必须在新产品开发过程中高度重视顾客的意见。消费者的意见应该包括以下内容：

① 产品概念的可传播性和可信度。即消费者对产品概念的效用了解多少，他们在多大程度上可以觉察到这些利益。

② 消费者对产品的需要程度。即消费者对产品是否存在着需求、需求的强烈程度如何。需求强烈程度越大，预期的市场反应就越好。

③ 现有产品与产品概念的差距水平。消费者如果使用现有产品实现与产品概念的相同效用，那么现有产品与产品概念的差距越大，预期市场对产品概念所催生出的新产品就越受欢迎。

④ 认知价值。消费者对产品概念的认知价值越高，新产品预期的受欢迎程度就会越强烈。

⑤ 消费者的购买意图。即消费者对概念中的新产品是否有着强烈的购买意图。消费者的购买意图越强烈，概念中新产品的市场前景就越明确。

⑥ 用户目标、购买时间和购买频率。这也是企业应该明确的内容。

（4）组合分析法。菲利浦·科特勒认为，组合分析法是区分消费者使用一个产品各种属性层次后所产生的效用价值的方法。它向被测试者显示这些属性在不同组合水平的各种假设供应体，要求他们根据偏好对各种供应体进行排序，其结果能被用于确定有最佳吸引力的供应商、估计市场份额和公司可以获得的利润等一系列管理工作中。

（5）制定营销策略。完成对产品概念的测试之后，企业还必须在产品开发之前，制定出新产品初步的市场营销计划。这包括三个步骤的工作：

① 描述目标市场的规模、结构和行为、所计划产品的市场定位、销售量、市场份额、产品投放市场最初几年内的利润目标；

② 描述产品的计划价格、分销策略和第一年的营销预算；

③ 描述预期的长期销售量和利润目标，以及不同时间的销售战略组合。

（6）商业前景分析。企业必须对产品概念的商业前景做出估计。企业必须考察产品概念能否满足企业的战略目标，以期对产品概念做出进一步的取舍。这包括以下两个步骤。

① 估计总销售量。按照产品销售量的变化趋势，我们可以将产品分为三类：一次性购买产品。产品刚投放到市场的时候，销售量逐渐上升，达到最高峰后，由于潜在购买者的减少，其销售量就开始急剧下降，最后趋近于零。非经常性购买产品。这种产品既受产品寿命的限制，又可能因为市场的变化而被抛弃。对于这类产品销售量的估计要区分首次销售量和更新销售量。经常性购买的产品。对于这种产品，首次购买的人数较多，随后人数逐渐减少，但顾客如果深感满意就会成为企业的忠诚顾客，从而在市场上形成一个对企业产品稳定的需求量，到那时，该产品就不再属于新产品的范畴了。因此，企业对于产品销售量的估计，不仅要预测首次购买量的多少，还要估计出重复购买的数量。

② 估计成本和利润。成本包括研发成本、营销成本、管理成本和其他成本，这需要研究开发部门、制造部门、营销部门和财务部门的通力合作。利润主要是指概念产品可能给企业带来的利润，当然还包括由于开发了新产品所给企业带来的整体效益，如新产品开发的形象效益、新产品开发带给原有

产品的好处、新产品带来的规模经济和新产品开发带来的营销上的效益等。企业必须对两项内容做出准确的估计，一是最大投资损失，即投资新产品开发可能给企业带来的最大损失是多少；二是投资回收期，即企业在多长时间内可以收回投资。

4. 新产品试制

新产品经过商业分析、市场分析后，就能步入下一个阶段——具体的开发试制阶段。"新产品试制"这一阶段十分关键，具体而言，前面几个阶段的各种活动，其实是一种构想，属于"纸上谈兵"，而新产品试制阶段，就是要将这种设想、构思落到实处，将设想的新产品变为实体产品，能够真正被顾客购买、消费。在这一阶段，企业必须对如下问题予以重视：生产出的试制品（即新产品样品）必须有着较强的普及意义。

具体而言，该试制品单单在良好的环境条件下能被正常使用还不够，应当能被正常使用于任何可能设想到的环境条件下；同时，企业也应当能够在正常成本水平、生产条件下进行生产，也就是能够进行批量生产。唯有如此，该产品才具有实际推广的价值。因此，一般来说，部分新产品的样品总是要经历如下阶段——实验室理化性能测试阶段或实地使用测试阶段。也就是说，在某种恶劣环境条件下对新产品样品进行使用，检验其适应环境的能力；或是对新产品样品用某些仪器、设备进行破坏，从而对新产品抗破坏的限度进行检测。

企业的生产部门与科研部门是开发试制新产品的"主力军"，不过，企业营销部门与最高管理部门也要对新产品的开发试制进行参与，对其进程进行把控，及时提供各种有用的信息，保证顺利完成新产品的开发工作。

5. 市场试销

当试制出一件新产品后，企业不应忙着将之推向市场。实践告诉我们，在被试制而出后，很多产品同样可能惨遭市场淘汰，难以被市场（或消费者）接受。

虽然在前面几个阶段，企业付出了大量人力、物力、财力，做了众多工作，也直接对顾客展开了调研，然而也要看到，消费者对实体产品的评价和对设想产品的评价，其实是有一定偏差的。因此，实际试制出的产品也有可能不被消费者接纳。

所以，企业应当尽可能降低这种可能性，防止对新产品批量生产后导致超乎预计的损失，具体做法就是"试销"。

实践中，市场试销的含义是多层次的，既包括针对产品价格的试销，也包括针对产品质量、性能的试销，还包括针对产品广告促销方式或销售渠道的试销。当然，从本质上看，市场试销就是测定消费者对新产品有何种反应。

利用试销，企业既能对新产品的品质进行改进，又能将行之有效的营销组合方案制定出来。不过，企业也要注意，并非所有产品都必须经过"市场试销"，像没有较大市场容量的高价工业品或有着昂贵价格特殊品，都可以将之直接推向市场。因为，市场试销面向的产品，主要是有着较大市场容量、较长市场生命周期、较广使用面积的产品。

6. 批量上市

纵观新产品开发过程，"批量上市"属于最后一个阶段。简单来说，"批量上市"就是在市场成批地对产品进行投放。步入这一阶段，就代表新产品已经开始其产品生命周期。不过，需要注意的是，新产品的批量上市不代表其开发已然获得成功。批量上市阶段恰恰是对新产品进行检验的关键时刻，看它是否能够被市场真正接受。假如策略有误，仍可能面临新产品难以被市场接纳、无法销售出去的风险。因此，企业一定要在多方面做出正确决策，如批量上市的方式、渠道、地点、时间等，合理、科学地进行营销组合。

例如，当天气突然降温时，企业利用这一契机，推出新型保暖用品，势必会受到消费者更多关注。

再如，在万商云集的大都市推出新产品，相较于在中小城市推出新产品，往往能获得更大影响。

总而言之，良好的上市策划一般来说能够大大缩短部分新产品的市场导入期。所以，在组织新产品上市时，企业一定要高度重视，认真、细致分析市场环境条件，对时机进行准确把握，对方案加以精心设计，保障新产品顺利被市场接纳。

第二节　品牌策略能力

一、产品品牌

（一）品牌的含义

品牌，即某种特定的标志，能够对企业或产品进行识别，一般来说由某种图案、记号、名称或其他识别符号构成。现如今，市场上的产品有着繁多的类别、品种，假如没有品牌的存在，便如同一个班级中的学生缺少学号与姓名，生产者无法对消费者进行吸引，而消费者也难以有针对性地选购商品，以符合自己的偏好与需求。当今市场上，消费者往往通过"指名购买"对大多数商品进行消费，"指名购买"也成为消费的必要形式。所以，品牌的地位是至关重要、必不可少的。

一般而言，可以从如下六方面对品牌的内涵进行认识。

1. 属性

属性指的是品牌所代表的企业或产品的品质内涵，代表着某种位置、效率、服务、工艺、功能、质量等。

2. 利益

立足消费者视角，他们非简单粗暴地接受品牌的属性，更多是从自身角度出发，认识、分析自身会因各种属性而收获何种利益。因此，在消费者心中，品牌实际上象征着不同程度的利益，而消费者也往往将品牌代表的利益大小作为评价品牌的依据。

3. 价值

由于品牌代表的企业或产品的声誉、品质不同，形成的层次等级也有所差异，最终在消费者心中形成不同价值。除此之外，企业在设计、推广产品过程中的某种特定价值观，也能通过品牌体现。

4. 文化

品牌属于文化的载体，因为所选择、使用的符号，从本质来看属于外在文化，能够让人们产生与其文化背景相对应的种种联想，继而做出取舍选择。同时，品牌也会体现其所代表的企业、产品自身所具有的文化特征，且人们能够对这种文化特质认知、理解乃至认同，这便是品牌中的隐含文化。

5. 个性

好的品牌应当特征鲜明、个性突出，不但要从表现形式上让人们体会到其新颖突出、独一无二，还要让人们联想到个性特征鲜明的物或人，从而使品牌自身具有有效的识别功能。

6. 角色感

品牌要对一定的角色感进行体现，其原因在于，品牌通常受某些特定消费者群体偏爱，并被选择，继而，某些品牌就成为某些特定消费者群体的角色象征。当不属于这类消费者群体的人对该品牌产品进行使用，则难免令人产生讶然之感。这便是品牌所代表的个性、文化、价值与使用者之间的适应性。

（二）品牌的作用

1. 将企业的产品与竞争者产品区别开来

对于企业产品而言，品牌是其标志和象征，通过品牌，顾客能够有效对企业产品以及同类竞品加以区分。对于企业而言，自身产品与竞争者产品的差异也由此形成，从而使企业可以制定一个相对差异的价格；对于消费者来说，通过选择某个品牌的产品并形成品牌忠诚，可以在一定程度上降低购买的认知风险，减少精力和时间的耗费。

2. 保护企业的无形资产

品牌，特别是知名品牌是企业的一项极其重要的无形资产。品牌中的商标通过法律注册后，就受到法律的保护。这样一方面可以避免其他企业对企业品牌的模仿和假冒，另一方面也提高了消费者购买的信心。

3. 降低企业营销的难度

企业可以通过创建知名品牌，赢得市场竞争优势。这是因为，一方面，消费者在很大程度上会选择熟悉的知名品牌来选购产品，从而增加企业推广其品牌的迫切性；另一方面，产品自身的特征会影响品牌的美誉度，这就促使企业努力提高其产品的性能，以满足消费者的需要。

4．增值功能

对于企业而言，知名品牌能够带来有别于竞争者的独特优势，继而在市场中让企业获得溢价。品牌的增值功能，便是企业的超额利润。同时，品牌本就是企业的无形资产，品牌美誉度、知名度持续提升，实际上也极大地增加了企业的无形资产。

（三）品牌的类型

1．无品牌

部分产品，企业并不冠以品牌。之所以如此，原因之一在于产品间有着很小的差异性，消费者通常不会花费精力、时间进行选择，因而没必要通过品牌进行区分，如某些包装袋、辅料、原材料等；原因之二在于，按规定不得使用品牌的产品，如一些药品和化学原料等。无品牌的产品主要是以品质作为产品销售的保证，但也有以无品牌方式低价销售质量较次的产品的做法。

2．家族品牌（Family Brand）

主要是指企业对所生产的同类产品（甚至全部产品），只使用一种品牌，所以有时也称"单品牌"决策。采用家族品牌的好处是可大大降低营销总成本，而且能使产品和企业的整体形象统一起来。一般在企业各种产品差异性不大的情况下，使用家族品牌比较有利。

3．个别品牌（Individual Brand）

主要是指企业对所生产的不同产品使用不同的品牌（甚至是一品一牌），所以也称"多品牌"决策。采用个别品牌主要是为了体现不同产品之间的差异，以适应不同的目标市场。一般在产品差异性比较明显、消费者选择性比较强的情况下，使用个别品牌比较有效。

4．特许品牌（Licensed Brand）

将品牌以签订特许协议的方式转让给其他企业使用，使用特许品牌者必须按照品牌所有者的要求达到规定的品质标准，并向品牌所有者交付一定的特许转让费，这是对品牌延伸效应实际运用的方式之一。

5. 制造商品牌（Manufacturer Brand）

制造商品牌也称"全国品牌"，即由制造商对其产品确定品牌。该品牌可随产品的广泛销售分布到任何地方而无区域之限制，所以也称为"全国品牌"。大多数产品使用的都是制造商品牌。

6. 中间商品牌（Dealer Brand）

中间商品牌也称"私有品牌"，是指产品使用中间商的品牌进行销售。如英国的马狮百货公司的"圣米高"就是一种典型的中间商品牌。过去，中间商的市场覆盖面都有一定的限制，所以称为"私有品牌"，而不是"全国品牌"。同一企业生产的产品可能冠有不同的中间商品牌。

（四）产品品牌策略

可供企业选择的产品品牌策略主要包括以下六种。

1. 品牌有无策略

企业首先要对是否创建品牌做出抉择。产品是否使用品牌要视企业产品的特征和战略意图来定，大多数产品需要通过品牌塑造来提升其形象，但有些产品则没有必要塑造品牌，这包括：

（1）大多数未经加工的原料产品，如棉花、矿砂等。

（2）同质化程度很高的产品，如电力、煤炭、木材等。

（3）某些生产比较简单、选择性不大的小商品，如小农具。

（4）临时性或一次性生产的产品。这类产品的品牌通常效果不大，因此，企业不塑造品牌反而可以为企业增加利润。

2. 品牌使用策略

企业在决定了使用品牌之后，还要决定如何使用品牌。企业通常可以在三种品牌使用策略之间进行选择，它们包括：

（1）制造商品牌策略。企业创立品牌，从而赋予产品更大的价值，并从中获得品牌权益。

（2）经销商品牌策略。实力强大的经销商会倾向于树立自己的品牌，而实力弱小无力塑造品牌的小企业则通过代工生产来盈利。有一部分大企业也会把这种业务当作自己重要的利润来源，这是渠道实力的逐渐增强所导致的。

（3）混合策略。企业对自己生产的一部分产品使用制造商品牌，而对另外一部分产品使用中间商品牌。这种策略可以使企业获得上述两种策略的优点。

3. 统分品牌策略

如果企业决定使用自己的品牌，那么还要进一步在使用单一品牌和使用多品牌之间做出抉择。

（1）统一品牌策略。企业对所有产品均使用单一的品牌。例如，海尔集团的所有家电均使用海尔品牌。单一品牌策略可以使企业的品牌效用最大化，使不同的产品都享受到品牌所带来的声誉，并建立企业对外统一的形象。但单一品牌也可能由于某些产品的失败而受损。

（2）个别品牌。企业对不同的产品使用不同的品牌。这种策略避免了品牌由于个别产品失败而丧失声誉的风险，同时有助于企业发展多种产品线和产品项目，开拓更广泛的市场。这种策略的主要缺点是品牌过多，不利于发挥营销上的规模性。这种策略适用于那些产品线很多、产品之间关联性小的企业。

4. 品牌延伸策略

品牌延伸策略是指企业利用已有的成功品牌来推出新产品的策略。例如，百事可乐在碳酸饮料取得成功之后，又推出了服装、运动包等产品。这种策略可以借助成功品牌的声誉将新产品成功地推向市场，节约了企业市场推广的费用，但新产品的失败可能给原有品牌的声誉带来影响。

5. 多品牌策略

多品牌策略是指企业为一种产品设计两个或两个以上的品牌。主要优势在于：

（1）可以占据更多的货架空间，从而减少竞争者产品被选购的机会。

（2）可以吸引那些喜欢求新求异而需要不断进行品牌转换的消费者。

（3）多品牌策略可以使企业发展产品的不同特性，从而占领不同的细分市场。

（4）发展多种品牌，可以促进企业内部各个产品部门和产品经理之间的竞争，提高企业的整体效益。例如，宝洁公司的洗发水就拥有潘婷、海飞丝、飘柔等不同的品牌。

6. 品牌重新定位策略

由于消费者的需求和市场结构的变化，企业的品牌可能丧失原有的吸引力。因此，企业有必要在一定的时期对品牌进行重新定位。在对品牌进行重新定位的时候，企业需要考虑以下两个问题：

（1）将品牌从一个细分市场转移到另外一个细分市场所需要的费用，包括产品质量改变费、包装费及广告费等。

（2）定位于新位置的品牌的盈利能力。盈利能力取决于细分市场上消费者人数、平均购买力、竞争者的数量和实力等。

企业需要对各种对品牌进行重新定位的方案给予认真的考察，以选择盈利能力最强的企业来实施。

二、商标

（一）商标的定义

商标是对某种服务、商品或与之相关具体企业、个人进行识别的显著标志。

在政府有关主管部门注册登记后，企业就拥有了对某个品牌标志或某个品牌名称的专用权，法律也会保护该品牌标志、品牌名称，其他所有企业都不能使用或者仿效。所以，从这一意义上看，商标属于一种法律名词，指的是已经获得专用权、受法律保护的一个品牌或一个品牌的部分。

（二）商标的分类

1. 按商标结构分类

（1）文字商标，顾名思义，就是单纯通过文字构成的商标，包括阿拉伯数字、外国文字、少数民族字、中国汉字或以各种不同字组合而成的商标。

（2）图形商标，即单纯通过图形构成的商标。图形商标包括气味商标、记号商标、音响商标、几何图形商标、颜色组合商标、自然图形商标、三维标志商标、数字商标、字母商标等。不过值得注意的是，只有在个别国家，气味商标才被认可为"商标"，其中并不包括中国。

2. 按商标使用者分类

（1）商品商标。一般来说，"商标"都属于"商品商标"，是商标最基本的表现形式，可谓是商品的"标记"。商品商标又能被划分为如下两类，分别是商品销售者的商业商标和商品生产者的产业商标。

（2）服务商标。电视台、航空、饭店、导游、邮电、金融、保险等单位使用的标志，都属于服务商标。其主要用途是将企业的服务项目与其他同类服务项目区别开来。

（3）集体商标。指的是以协会、团体或者其他组织名义注册，让该组织成员在商业活动中使用，从而对使用者在该组织中的成员资格进行表明的标志。

3. 按商标用途分类

（1）营业商标，又称"司标""店标""厂标"，指的是经营者或者生产者将特定的企业名称或标志用于自己经营或制造的商品上的商标。

（2）证明商标。这种商标被对某种服务或商品有监督能力的企业所控制，又被该组织之外的个人或单位使用于服务或商品，从而对该服务或商品质量、制造方法、原料、原产地或其他特定品质加以证明。例如，电工标志、纯羊毛标志、真皮标志、绿色食品标志，都属于证明商标。

（3）等级商标，指的是在商品等级、规格、质量不同的一种商品上使用的不同商标或同一商标。有的等级商标虽然有着相同的名称，然而文字字体或图形有所区分；有的等级商标虽然有着相同的图形，然而为更好地对不同商品质量进行区分，会采用不同印刷技术、纸张、颜色或其他标志加以区别；有的等级商标直接用不同图形或商品名称进行区分。

（4）组集商标。在同类商品上，由于价格、等级、规格、品种的不同，企业会使用几个商标，从而更好地进行区分；同时，企业将这些商标视为一个组集，一次性提出注册申请的商标便是组集商标。等级商标相似于组集商标。

（5）亲族商标，也被称为"派生商标"，其是基于一定的商标，并将这种商标结合于各种图形、文字，在同一企业各类商品上进行使用的商标。

（6）备用商标，指的是分别或同时在同一商品或类似商品上注册几个商标，注册完成后，未必会立刻对商标进行使用，而是先贮藏起来，何时需要、何时使用，因而也被称为"贮藏商标"。

（7）防御商标。拥有驰名商标的企业，为了避免其他人将自己的商标使用到不同类别的商品上，率先发起"防御"，将自己的商标分别注册在非类似商品上，这便是"防御商标"。

（8）联合商标。指的是同一商标所有人在类似或相同商品上注册的几个近似或相同的商标，或是在图形上近似，或是在文字上近似，这些商标被称为"联合商标"。在注册这些商标后，企业未必都对其进行使用，主要是为了避免他人注册或者仿冒，旨在对自己的商标进行更有效的保护。

4．按商标享誉程度分类

（1）普通商标。绝大多数商标都属于普通商标，未受特别法律保护，在正常情况下使用。

（2）驰名商标。在全国乃至国际范围（即较大地域范围）市场中声誉较高，质量信誉良好，享有特别法律保护，能够广泛为相关公众所了解、熟知的商标，就是驰名商标。

三、产品的包装

（一）产品包装的含义

产品的包装通常是指产品的容器、包装物和装潢的设计。

产品包装一般包括以下三个层次：

第一种是基本包装，即商品的直接容器和包装物。例如，盛装啤酒的瓶子、装香烟的纸盒。

第二种是次级包装，即基本包装外层的包装。

第三种是运输包装，为了运输的安全和方便而加于产品之上的包装。

（二）产品包装的作用

产品包装最初的作用在于保护产品、方便运输。随着市场竞争的发展，包装也已成为企业非价格竞争的一个重要手段。良好的包装能够为企业带来营销价值。产品包装的具体作用包括以下四个方面：

1. 保护产品

这是包装的基本功能，良好的产品包装能够使得产品在运输、储存过程中免于损坏。

2. 促进销售

设计精美、富有新意的包装能够起到吸引消费者注意力、促销产品的功能；与此同时，包装也能体现产品的市场定位。例如，定位于高端市场的产品通常拥有精美、豪华的包装。

3. 创造价值

包装创造价值的作用主要体现在以下两个方面：包装提高了产品的附加价值，消费者愿意购买包装精美、富有创意的产品；包装能够体现品牌形象，漂亮的包装是无声的广告。

4. 提供便利

不同的包装可以帮助消费者很方便地识别不同的产品，从而节约消费者的时间和精力。另外，便利的包装也能够方便消费者携带和储存产品。

（三）产品包装策略

鉴于产品包装在产品营销上的巨大作用，企业对产品的包装工作必须给予足够的重视。对于企业来说，可供选择的包装策略包括以下七种。

1. 类似包装策略

类似包装策略是指企业在各种类型不同的产品上使用外形类似、图案类似、具有共同特征的包装，从而使企业各种产品具有统一类似的包装，从而使消费者从外观上就可以直接判断出企业的系列产品。类似包装策略的优点在于：壮大企业声势、扩大企业影响，特别是在新产品初次上市时，可以借助于企业原有的声誉迅速让消费者接受新产品；类似的包装反复出现，无疑增加了企业形象在消费者面前的曝光率，客观上起到了宣传企业产品的效果；采用类似包装可以节省包装设计和印刷成本。

2. 差异包装策略

企业对不同的产品采用风格各异的包装，从而将不同市场定位、满足不同目标市场需求的产品区别开来。这种策略的优点是一个产品的失败不会波及企业的整体形象，但是增加了企业的成本。

3. 配套包装策略

配套包装策略是指企业把两种或两种以上在消费上具有关联性的产品放在一个包装内出售，这种关联性可表现在使用、观赏或自身系列配套等方面。配套包装策略可以方便消费者的购买和使用，并且还可以帮助企业促销滞销的产品。但是，企业需要注意的是产品的搭售不要引起消费者的反感，不能损害消费者的利益。

4. 重复使用包装策略

重复使用包装策略是指产品的包装在产品被使用之后，可以移作他用。这种包装策略可以引起消费者的购买兴趣，移作他用的产品包装也可以起到宣传企业产品的效果。例如，盛装饮料的瓶子常被用来插花或被用于其他用途。

5. 等级包装策略

这种包装策略是指企业根据产品的档次和价格给予其不同的包装，这些不同的包装在成本上具有很大的差别，可以丰富消费者的选择。例如，把产品用来送礼的消费者可能更倾向于购买具有豪华包装的产品，而为了自己使用的消费者则会购买简易包装的产品。

6. 更新包装策略

更新包装策略是指用新的包装来代替老的包装。这种策略常常在企业的销售陷入困境时被使用，包装的更新就像产品的更新一样，能够给消费者以耳目一新的感觉。在一般情况下，一个企业的品牌和包装要保持稳定性。但是，当出现以下三种情况时，企业需要更新包装。

（1）产品的质量出现了问题，给消费者留下恶劣的印象。

（2）竞争者太多，原有包装不利于打开销售局面。

（3）原包装使用时间过长，使得消费者产生了陈旧感。例如，河南省卫辉食品挂面厂就通过将纸包装改为塑料包装，由一般纸箱式包装改为手提礼品式彩色箱，从而一举打开了销售局面，产品远销中国香港和日本。

7. 附赠品包装策略

附赠品包装策略是指企业在包装中附赠小礼品，来吸引消费者购买和重复购买以扩大产品销量的包装策略。附赠品包括玩具、图片、奖券等等。这种策略常被用来开发儿童、青少年或低收入者市场。

第三节　定价策略能力

一、定价目标

企业在定价之前必须首先确定定价目标。定价目标以企业营销目标为基础，是企业选择定价方法和制定价格策略的依据。

（一）利润导向定价目标

利润是考核和分析企业营销工作好坏的一项综合性指标。许多企业都把利润作为重要的定价目标，具体有以下三种情况。

1. 以获取预期利润率为目标

预期利润率是投资者将一定时期的利润水平规定为投资额或销售额的一定比率。也就是说，投资者既不追求一时的高利润，也不限制利润而求销售，而是力图长期稳定地获得利润。以一定的预期利润率为定价目标，其关键是确定预期利润率。不同的投资者可根据产品的销售、流动资金等状况，确定不同的利润率。对于占用资金少、资金周转速度快的产品，可以较低的销售利润率为目标；对于占用资金多、资金周转速度慢的产品，可以较高的销售利润率为目标。

2. 以获取最大利润为目标

实现最大利润是企业的最大愿望。最大利润是指企业在一定时期内可能并准备实现的最大利润总额，这是常见的定价目标之一。企业在采取获取最大利润为定价目标时，需具备三个条件。

（1）企业的产品在市场上具有一定优势，且在计划期内不易丧失这些优势。

（2）同行业竞争对手不强。

（3）能较准确地掌握本企业产品的需求或成本状况，为实现这一定价目标提供科学依据。

实现这一定价目标的方法就是提高产品的价格、提高单位产品的盈利额，追求短期利润最大化。

3. 以获取合理利润为目标

它是指为了保持销售稳定或减少竞争对手，达到长期占领市场的目的，以获取合理利润为定价目标。获取合理利润为目标是指企业在补偿正常情况下的社会平均成本的基础上，适当地加上一定量的利润作为商品价格，以获取正常情况下合理利润的一种定价目标。合理的标准往往是以既能获得一定的利润，又能减少竞争者的加入为标准。在此种目标下，商品价格适中，顾客乐于接受，政府积极鼓励。这一定价目标常常被大型企业采用。

（二）销量导向定价目标

这种定价目标是指企业希望获得某种份额的市场占有率而确定的价格目标。市场占有率是指一个企业产品销售量在市场同类产品销售总量中所占的比重。不断扩大产品销售量是提高市场占有率的主要途径。根据产品需求规律，要增加产品销售量就要降低产品价格。这样，从单位产品来说，利润水平可能降低，但从利润总额看，由于产品销售量增加，有可能弥补单个产品利润量减少的损失，甚至增加利润总量，这是企业制定和调整产品价格时所采用的定价目标之一。

此种定价目标要求企业具备的条件是：有潜在的生产经营能力，总成本的增长速度低于总销售量的增长速度；产品的需求价格弹性较大，即薄利能够多销。一般来说，这一定价目标要好于以扩大利润为目标。在产品市场不断扩大的情况下，如果只顾短期利润，可能会降低市场占有率，不会取得较好的经济效益和社会效益，不利于长期而稳定地获得利润；为了长远利益，有时需要减少甚至放弃眼前利益。因此，许多资金雄厚的大企业，喜欢以低价渗透的方式建立一定的市场占有率；一些中小企业为了在某一细分市场获得一定优势，也十分注重扩大市场占有率。

（三）适应或避免竞争导向定价目标

这种定价目标是指企业在竞争激烈的市场上以适应或避免竞争为目标。

在市场竞争中，企业在制定产品价格时，为适应或避免竞争，需要广泛收集竞争者有关价格方面的资料，将本企业的产品质量与竞争者的同类产品进行比较，然后在高于、低于或等于竞争者价格这三种定价策略中选择其一。当市场存在领导者价格时，新加入者要想把产品打入市场，争得一席之地，只能采取与竞争者相同的价格。一些小企业因生产、销售费用较低，或某些企业为扩大市场份额，定价会低于竞争者。只有在具备特殊条件时，诸如资金雄厚、拥有专有技术、产品质量优越、推销服务水平高等，才有可能把价格定得高于竞争者。

（四）产品质量导向定价目标

这种定价目标是指企业通过在市场上树立产品质量的领先地位而在价格上做出的反应。优质优价是一般的市场供求规则，研究和开发优质产品必然要支付较高的成本，自然要求以较高的价格得到回报。

（五）生存导向定价目标

当企业遇到生产能力过剩、市场竞争激烈或者要改变消费者需求时，它要把维持生存作为自己的主要目标。为了保持工厂继续开工和使存货减少，企业必然要制定一个低价格，并希望市场对价格十分敏感。生存比利润更重要，不稳定的企业一般都求助于大规模的价格折扣，为的是能保持企业的活力。对于这类企业而言，只要它们的价格能弥补变动成本和部分固定成本，即单价大于单位变动成本，它们就能够维持企业的生存。

（六）分销渠道导向定价目标

对于那些需要经中间商推销的企业来说，保持分销渠道的畅通无阻，是保证企业获得良好经营效果的重要条件之一。企业在激烈的市场竞争中，为了使分销渠道畅通，必须研究价格对中间商的影响，充分考虑中间商的利益，保证中间商有合理的利润，促使中间商有充分的积极性去推销商品。在现代市场经济中，中间商是现代企业营销活动的传递者，对宣传产品、提高企业知名度具有十分重要的作用。

（七）企业形象导向定价目标

在现代市场经济条件下，市场竞争的实质是企业形象和商品品牌的竞争，企业形象是企业的无形财富和资源，是企业实力的重要构成部分。良好的企业形象是由于企业成功地运用了市场营销组合，在消费者心目中确立了良好的信誉，取得了消费者的信赖。以维护企业形象为定价目标，是指企业在制定产品价格时要以消费者为核心、以树立良好的企业形象为目的。

（八）对等定价目标

对目前的市场份额和利润感到满意的企业，有时会采用对等定价目标，不扰乱对方的价格目标。管理人员可能会说这是因为他们想稳定价格或应对竞争，甚至回避竞争。当总体市场不再发展、扩大时，这种不扰乱价格的想法最为普遍。保持稳定的价格可能阻碍了价格竞争，但避免了对困难决策的需求。选择对等定价目标，营销集中在除价格外的一种或多种其他策略方面。快餐连锁店麦当劳和汉堡王通过坚持多年的非价格竞争，实现了非常有利的利润增长和企业发展。

二、定价的基本方法

定价的基本方法是指为实现定价目标而采用的具体手段。影响商品价格的因素很多，但在现实生活中，总是侧重某一个因素。本节主要介绍定价的三种基本方法。

（一）成本导向定价法

成本导向定价法是以卖方意图为中心、以成本为基础的定价方法。定价时，首先要考虑收回企业在生产经营中投入的成本，然后再考虑取得一定的利润。属于这类定价方法的有成本加成定价法、边际成本定价法和损益均衡定价法。

1. 边际成本定价法

边际成本定价法是指企业在定价时只考虑变动成本，不计算固定成本，而以预期的边际贡献适当补偿固定成本。预期边际贡献是指预计的销售收入减去变动成本后的收益。因为在生产能力之内，无论企业生产多少数量的产品，所产生的固定成本都是一样的。

采取边际成本定价是有条件的，最主要的条件是：市场萧条期企业产品供过于求，企业在价格上若不采取灵活措施，可能会因没有市场而造成停产，企业将承担固定成本的全部损失。如果企业除满足原市场需求外，仍有剩余生产能力，企业可采取边际成本定价为新市场服务。但新市场与原市场必须是彼此隔绝的，即不会形成新市场向原市场的转手倒卖。这种做法只能是短期的，在总销售额中不应占较大比重。

2. 损益均衡定价法

损益均衡定价法又称目标利润定价，是以产品的损益均衡或目标利润为依据的定价方法。当产品的销售量达到一定水平时，产品的收入与成本相等，即损益均衡。若销售量低于该水平，企业收不抵支，会出现亏损；若高于该水平，收大于支，会产生收益，即目标利润。在总成本和总收入线之间的虚线截距就是目标利润。因此，先计算损益均衡价格，其公式为：$P = F/Q + V$。式中，P 为损益均衡价格，F 为固定成本，Q 为预计销售量，V 为单位产品变动成本。在此基础上，若要盈利，则计算公式为：$P = F/Q + V + Z$。式中，P 为目标利润价格，Z 为单位产品的预计利润，其他同上式。

采用损益均衡定价，可以帮助企业决定最低价格以抵补预计的成本和取得目标利润，但是这种方法没有考虑到价格和需求之间的关系。它根据预期的销售量来确定价格，但价格恰恰是影响销售量的重要因素。因此，企业在运用这种方法定价时，还必须考虑每个可能的价格实现预计销售量的可能性。

（二）需求导向定价法

需求导向定价法，指的是基于服务或产品的社会需求状态，对企业市场竞争状态和营销成本进行综合考量，继而对营销价格进行制订或调整的方法。现实中，很多因素都密切关联于社会需求，如服务或产品项目的需求价格弹性、消费者的收入水平与消费习惯等。面对这些因素，企业有着不同的重视程度，所以也形成了如下具体的需求导向定价法。

1. 习惯定价法

消费者在长期购买、使用某些服务或商品的过程中，已经习惯于接受其价格水平与属性。所以，企业在开发新品种、新产品时，如果未改变产品的用途、基本功能，一般来说，消费者都只愿意在购买产品时支付和以前一样的价格。所以，对这类服务或产品进行经营时，企业切记不要随意对价格进行改变，如果价格突然上涨，很可能对产品的市场销路产生影响；如果价格莫名"缩水"，也可能令消费者对产品质量产生怀疑。

2. 认知价值定价法

认知价值定价是指企业按照买主对产品价值的认识来确定产品价格。这种定价方法与现代市场定位思想相适应，它强调产品价格的高低不取决于卖方的成本，而取决于买方对产品价值水平的理解程度。定价时，它要求以买方所能接受的价格来确定产品的价格。如果以高于买方所能接受的价格来销售产品，会造成滞销；而以低于买方所能接受的价格，则会使自身利益受到影响。采用这种定价方法，关键是必须合理地测定和分析市场上买方对产品价值的理解水平。在确定了市场上买方所能接受的价格之后，再根据此价格倒推出产品的批发价格和出厂价格。

为了建立起市场的认知价值，进行市场调研是必不可少的。正确判断顾客对商品价值的认知程度，目前采用的方法主要有以下三种。

（1）直接评议法。直接评议法就是邀请有关人员，如顾客、中间商及有关人士，对商品的价值进行直接评议，得出商品的认知价值。

（2）相对评分法。相对评分法又称直接认知价值评比法，即邀请顾客等有关人员用某种评分方法对多种同类产品进行评分，然后再按分值的相对比例和现行平均市场价格推算评定产品的认知价值。

（3）诊断评议法。诊断评议法就是用评分法对产品的功能、质量、外观、信誉、服务水平等多项指标进行评分，找出各因素指标的相对认知价值，再用加权平均方法计算出产品总的认知价值。

3. 反向定价法

反向定价法，指的是企业分析并明确能够被消费者接受的最终销售价格，在对自己从事经营的成本、利润加以计算后，逆向将产品的零售价、批发价推算而出。这种定价方法的主要依据并非实际成本,而是基于市场需求进行的,主要目的是尽可能让消费者接受最终销售价格。分销渠道中的零售商与批发商大多对反向定价法进行采用。

某产品市场可接受的零售价为15元,零售商加成20%,批发商加成15%,该产品出厂价推算如下:

批发价＝零售价×（1－零售商加成率）＝15×（1－20%）＝12（元）；出厂价＝批发商价×（1－批发商加成率）＝12×（1－15%）＝10.20（元）

三、定价策略

（一）新产品定价策略

1. 撇脂定价策略

撇脂定价策略是指企业在新产品上市初期以高价销售,以后随着市场情况的变化而降低销售价格的策略,其目的是在尽可能短的时间内获得尽可能多的利润,以收回投资。这如同从鲜奶中取奶脂一样,尽快取得精华。采取这种策略,是利用消费者的求新心理,通过高价刺激需求,适合于需求弹性很小、市场生命周期较短、款式色彩翻新较快的时尚性产品。撇脂定价还有一个优点:高价小批量地逐步推进战略,能让企业随时了解市场反应,采取对策,避免新产品大批量生产带来的风险。撇脂定价策略若运用得当,可以为企业带来丰厚的利润,但撇脂定价策略应用的前提是产品必须能吸引消费者,也就是产品要有新意;其缺点是:新产品价格过高,难以开拓市场。同时,高价策略很容易招来竞争者。

2. 渗透定价策略

渗透定价策略是指在新产品投放市场时将产品的价格定得较低,从而获得尽可能高的销售量和扩大市场占有率的策略。实行渗透定价是避免激烈竞争或低价挤入市场的有效方法。对需求弹性较大的非生活必需品,尤其是技术密集型生产资料和工业消费品,试销成本一般较高,为了尽快地进入市场,适宜采用渗透定价策略。其缺点是:投资回收期长、见效慢、风险大,一旦渗透失利,企业就会一败涂地。

3. 满意定价策略

满意定价策略是指介于渗透定价和撇指定价之间的一种定价策略。在新产品投放市场时，企业采用生产者和消费者都满意的合理价格，既能减少激烈竞争和降低被消费者拒绝的风险，又能较快地收回投资。对价格弹性较小的一般日用生活必需品和重要的生产资料，适合采取这种定价策略。

与撇脂定价或渗透定价相比，虽然这种策略缺乏一定的进攻性，但并不是说它没有市场竞争力。满意定价没有必要将价格制定的与竞争者的产品价格一样或接近市场上产品的平均价格水平，原则上讲，它还可以是市场上最高或最低的价格。与撇脂定价和渗透定价相类似，满意定价也需要参照产品的经济价值而做出价格决策。因此，当大多数潜在购买者认为产品的价格与价值相当时，价格即便很高也属于满意价格。

（二）产品组合定价策略

1. 产品线定价

一般来说，企业开发出的并非单一产品，而是产品线。当企业生产的系列产品在成本与需求方面存在内在关联性时，为对这种关联性的积极效应进行充分发挥，企业可以对产品线定价策略进行采用。

具体而言，在定价时，第一，要对某种产品线中其他产品进行确定；第二，要对产品线中某种产品的最高价格进行确定，这种产品在产品线中，扮演的是收回投资和品牌质量的角色；第三，对于产品线中其他产品，企业也要从它们在产品线中扮演的角色出发，有针对性地进行价格制定。

在很多行业，营销者都会事先确定好产品线中某种产品的价格点。

2. 非必需附带产品定价

在对主要产品进行提供时，很多企业也会对密切相关于主要产品的附带产品进行提供，如汽车用户可以订购电子开窗控制器、扫雾器和减光器等。但是，对非必需附带产品定价却是一件棘手的事。例如，汽车公司就必须考虑把哪些附带产品计入汽车的价格中，哪些另行计价。因此，企业应当从购买者的偏好、市场环境等因素出发，认真、全面、深入地展开分析。

举例而言，有的汽车制造商仅仅为自身生产的简便型汽车打广告，从而让人们产生兴趣，前往汽车展示厅参观。不过，汽车制造商会用展厅的大部分空间，对功能齐全、价格高昂的汽车进行展示。

有些饭店的酒价很高，而食品的价格相对较低。食品收入可弥补食品的成本和饭店其他的成本，而酒类则可以带来利润。这就是服务人员极力向顾客推销饮料的原因。也有饭店将酒价定得较低，而对食品制定高价，来吸引饮酒的消费者。

3. 必需附带的产品定价

必需附带的产品又称连带产品，是指必须与主要产品一起使用的产品。例如，胶卷和照相机、计算机和软件等，都是无法分开的连带产品。生产主要产品（计算机和照相机）的制造商经常为产品制定较低的价格，同时对附属产品制定较高的价格。

（三）折扣定价策略

价格折扣是企业为了更有效地吸引顾客、扩大销售，在价格方面给予顾客和销售商的优惠。折扣定价策略分为以下五种。

1. 数量折扣

它是根据顾客购买数量或金额的多少分别给予不同比例的价格折扣，即购买的数量越多，金额越大，折扣就越多。它又分为一次性折扣和累计折扣。

（1）一次性折扣。一次性折扣是按照买主一次性购买产品的数量或金额的多少来确定不同折扣的策略。一次性购买的数额越多，折扣就越多。此策略有利于鼓励消费者增加购买量，吸引流动消费者。

（2）累计折扣。累计折扣是按照买主在一定时期内购买产品的数量或金额累计数给予不同折扣的定价策略，累计购买的数量越大，折扣也越多。此方法有利于吸引老顾客，使企业与老顾客保持长期稳定的关系。

2. 现金折扣

现金折扣就是当顾客提前付清购买商品的款项时，供货方给予顾客的一种折扣。现金折扣一般在生产厂家与批发商或批发商与零售商之间进行。采用现金折扣一般要考虑折扣的比例、给予折扣的时间限制以及付清全部货款的期限。这种定价策略适用于价格昂贵的耐用消费品，尤其适用于采取分期付款的商品。美国通行的做法是：若客户能在 10 天内付清款，可得 2%的折扣，但最迟必须在 30 天内付清全部款项。

3. 季节折扣

季节折扣是生产厂家为了维持季节性产品的全年均匀生产而鼓励批发企业淡季进货的一种定价策略。例如，电扇生产厂家在冬季给予批发电扇的客户以一定折扣；电热毯生产厂家在夏季给批发电热毯的客户以一定折扣。有的零售商店在销售中也采用季节折扣策略。

第四节　分销渠道策略能力

一、分销渠道的含义

分销渠道（Distribution Channel），指的是为帮助服务或产品顺利通过市场交换过程，转移给用户（消费者）消费的相互依存的整套组织。分销渠道这一流通环节既独立于消费、生产之外，又是对这二者进行联结的桥梁，我们可以从广义与狭义两个方面理解分销渠道。

广义上的分销渠道是对厂商销售的产品以及生产产品所需要的原料零件进行运输、仓储、分送、调剂的通路及相应为之服务的组织与环节。

狭义的分销渠道是指顾客购买商品的起点与场所，即商品所有权从厂家向商家、顾客转移的过程，期间经历了批发与代理等各种经销商、零售商等，也有不少商品不经过经销与零售等中间环节，直接销售给顾客。

二、营销中介机构的主要类型

营销中介机构按所有权的归属，可被分为三大类：辅助机构、代理中间商和经销中间商。

（一）经销中间商

经销中间商就是人们常说的"经销商"，如零售商、批发商等，指的是在商品流通过程中，获得商品所有权，又对商品进行出售的营销中介机构。

工业品经销商也属于经销中间商，主要向消费者直接出售耐用消费品或工业品。一般情况下，工业品经销商会与自身供应者之间保持长期稳定的关系，同时会在某个特定区域内，享有独家经销权。

（二）代理中间商

在商品流通过程中，代理中间商有时参与对顾客的寻找，有时也作为生产厂商代表，和顾客谈判。不过，他们并不拥有商品所有权，所以不用对商品资金进行垫付。通常来说，代理中间商是根据商品销售量获得一定比例佣金，以此作为报酬。经纪人、佣金代理商、采购代理商、销售代理商、企业代理商是较为常见的代理中间商。

（三）辅助机构

辅助机构既不拥有商品所有权，也不对买卖谈判进行参与，仅仅发挥着对产品分配的支持作用。

在辅助机构中，"配送中心"是非常重要的形式，其主要负责集中储存商品，继而依照销售网点所需，不定期或定期组配商品，并对其进行发送。现代连锁业发展迅速，故而企业应当更加重视配送中心的作用。除此之外，广告代理商、银行、独立仓库、运输公司等也属于辅助机构。

三、分销渠道的设计

分销渠道设计是企业对关系其长期生存和发展的分销模式、基本目标及管理原则所做的规划、选择与决策，其基本目标是向目标市场有效地传达重要消费者价值。企业进行渠道设计需要两个前提：一是要有清晰的产品或服务概念可以提供给顾客；二是产品或服务必须有明确的目标市场。

（一）影响分销渠道战略设计的主要因素

1. 市场性质

目标市场顾客的规模、地理分布、需求特征、购买行为特点等要素，对渠道类型的选择具有决定性意义。面对顾客人数多、分布范围广、多品种小批量购买的市场，企业通常需要选择能充分利用中间商的长渠道；反之，则会倾向于采用短而窄的渠道。

2. 产品特性

产品特性（理化性质、单价、式样和技术复杂程度等）对渠道决策有重要影响。易腐易损品、危险品、体积粗大笨重品，要尽可能采用直销或短渠道。单价较低的日用品、标准化的产品可采用较长渠道。专门性产品、需要提供特别服务如专业安装调试、培训保养产品，一般宜采用直销。

3. 中间商状况

可能利用的中间商类型及其优缺点，是渠道设计的制约因素。地区市场现有或潜在的中间商结构、业务素质和财务能力，批发商、零售商在执行产品运输、储存、促销、接触顾客，以及信用条件、送货、退货、人员培训等职能的程度和效率，都是渠道设计必须考虑的。

4. 竞争者状况

竞争者使用渠道的状况是渠道设计时模仿或避免的参照系。一些制造商希望以相同或相似渠道与竞争者品牌抗衡，或将自己的品牌纳入领导者品牌相同的市场中；另一些企业则要另辟蹊径，避免与竞争者渠道雷同。

5. 企业自身状况

企业自身状况是渠道设计的立足点。每个企业都要根据其规模、财务能力、产品组合、渠道经验和营销政策来选择适合自己的渠道类型。实力雄厚的大公司有能力和条件承担广泛、直接的分销业务，可以对渠道做更多的垂直整合或一体化工作；弱小的公司只有较少资源用于分销，通常只能更多依赖中间商。

6. 环境特征

环境作为大系统对渠道设计有广泛影响。就其最主要方面来说，一是经济形势。经济景气，渠道选择余地较大，但经济萧条，渠道就要缩短，以减少渠道费用满足廉价购买需求；二是科技进步。冷冻技术延长了易腐食品储存期，信息技术减少了沟通困难，可以提供渠道更大的选择空间；三是法律法规。相关的法规，如专卖制度、反垄断法、进出口规定、税法等是渠道设计不能不考虑的。

（二）评估渠道设计方案

如果制造商需要从几个渠道设计方案中挑选最佳方案，那么每一渠道设计方案都必须从经济性、可控性和适应性三个方面加以考察。

1. 经济性标准

每一个方案都有其特定的成本和销售额，首要问题是利用本公司的推销部门还是销售代理商，到底谁带来的销售额更高。许多制造商认为，公司推销员的销售业绩更佳，因为他们专注于推销公司的产品，他们在推销本公司产品方面受过良好的训练；由于他们的未来与公司的前途有密切的关系，他们比较积极肯干，他们成功的可能性较大，因为消费者更愿意与制造商直接打交道。

2. 控制性标准

对销售代理商进行使用，很可能滋生控制问题。其原因在于，销售代理商属于独立机构，旨在让自己拥有最大化的利润，所以，它不会在制造商的产品上集中注意力，而是在消费者最想购买的商品上集中注意力。

（三）选择最佳渠道结构

我们都知道，应当综合分析全部备选方案，从中选择最优化的方案，确保获得最佳成效。这在理论上行得通，但在实践中很难实现，因为这要求设计者对一切可能因素进行考虑，将全部可能方案列出，如此必将耗费高昂成本。所以，这里说的最佳方案，指的是已经列示出的方案中的最优选择，其能够较为合理地对渠道的任务进行分配。

四、分销渠道的管理

（一）分销渠道成员的选择

根据渠道设计方案要求招募选择合适的中间商是渠道管理的重要环节。通常，企业需要具体框定可供选择的中间商类型和范围，综合考察、比较它们的开业年限、经营商品特征、盈利、发展状况、财务、信誉、协作愿望与能力等。对代理商，企业还要进一步考核其经营产品的数量与特征、销售人员的规模、素质和业务水平；对零售商，企业则要重点评估其店址位置、布局、经营商品结构、顾客类型和发展潜力。

渠道成员的选择是双向互动行为。不同企业对中间商的吸引力有很大差异，在不同区域市场的选择难度也不尽相同。渠道管理者应当根据本企业及当地市场的具体情况，把握和考核选择伙伴的上述标准，并做出最合理的选择。当企业同意以渠道关系来共同经营时，它们就组合成渠道伙伴并承担长期责任。

（二）激励渠道成员

激励的基本点是了解中间商的需要，并据此采取相应的激励措施或手段。开展促销活动：主要包括广告宣传、商品陈列、产品展览和操作表演、新产品信息发布会等等。资金支持：给中间商在付款上的优惠措施，以弥补中间商资金的不足，如分期付款、延期付款等。管理支持：协助中间商进行经营管理，培训营销人员，提高营销的效果。提供情报：生产商将市场情报及时传递给中间商，将生产与营销的规划向中间商通报，为中间商合理安排销售计划提供依据，并与中间商结成长期的伙伴关系。

（三）评价渠道成员

制造商必须定期评估中间商的业绩，其标准有销售配额完成情况、平均存货水平、送货时间、对次品与丢失品的处理情况、在促销和培养方面的合作、对消费者提供的服务等。或许，制造商会发现对于某一中间商，与他实际做的相比支付的报酬过多了；或许制造商为中间商提供了补贴，鼓励在仓库里保持一定水平的存货，而事实上存货被放在了货栈，而且费用也由制造商自己来支付。制造商应建立类似的制度：完成协议的任务，支付一定的报酬；如果中间商完不成任务就需要予以建议、重新培训或重新激励；如果还不行的话也许最好的办法就是中止关系。

（四）渠道冲突与管理

渠道冲突是指某渠道成员从事的活动阻碍或者不利于本组织实现自身的目标，进而发生的种种矛盾和纠纷。分销渠道的设计是渠道成员在不同角度、不同利益和不同方法等多因素的影响下完成的，因此，渠道冲突是不可避免的。

1. 渠道冲突的类型

（1）水平渠道冲突，即同一渠道模式中，同一层次中间商之间的冲突。水平渠道冲突产生原因主要是生产企业未能合理规划目标市场的中间商数量分管区域，导致中间商为保护自身利益开始彼此倾轧。

（2）垂直渠道冲突，即同一渠道中，不同层次企业之间的冲突。相较于水平渠道冲突，实践中我们更常见到垂直渠道冲突。人们也用"渠道上下游冲突"称呼垂直渠道冲突。其一，分销商越来越多地立足于自身利益，在销售商品时，对分销与直销相结合的方式进行运用，如此，他们必将与下游经销商开展客户争夺战，使下游渠道积极性被挫伤。其二，一旦下游经销商实现了实力增强，就不会再满足于当前位置，将渴望在系统中掌握更大权利，也会决定挑战上游渠道。

（3）不同渠道间的冲突。随着顾客细分市场和可利用的渠道不断增加，越来越多的企业采用多渠道营销系统即运用渠道组合、整合。不同渠道间的冲突指的是生产企业建立多渠道营销系统后，不同渠道服务于同一目标市场时所产生的冲突。

2. 渠道冲突的原因

（1）角色对立。这里说的角色，就是对某一岗位的成员之行为做出的一整套规定。具体到营销渠道中，每个渠道成员，都应当对所应完成的一系列任务承担履行责任。

（2）资源稀缺。特许权授予者应当将广泛的促销支持以及经营协助提供给特许经营者，相应的，特许经营者在经营时，也应当对特许权授予者的标准进行严格遵守。假如二者中，任何一方与既定角色有所偏离，如特许经营者对自己的政策进行制订，那么冲突的发生也是不可避免的。

（3）感知差异。在此，我们举一个典型事例——购买现场（poin-of-purchase，POP）促销。制造商对这种方式进行采用时，往往将POP看作行之有效的促销方式，能够实现零售量的提升。但是在很多零售商看来，现场宣传材料挤占了商品销售的宝贵空间，实在是"废物一堆"。

（4）期望差异。同样的，在这里我们也举例进行说明。Aamoco是全美最大的传输维修业务公司，Aamoco 特许经营商认为，随着汽车制造商提供的维修保证越来越多，他们今后的业务会越来越难做。这种业务会削减的预期使很多特许经营商迫切要求将特许使用费率从 9% 降至 5%，同时扩大其经营区域。由此便引发了非常激烈的冲突。

（5）目标不相容。不同层次的成员之间，因为渠道成员往往追求自身利益最大化，因而在渠道整体目标的实现方面，以及渠道的运作过程中，常常会存在分歧，也常会因分歧产生冲突。这是因为，不同渠道成员的要求与主张也是不同的。

第五节　公关能力

一、公共关系的性质

在企业促销中，公共关系是一大重要策略，指的是企业通过多种传播手段，和各方面公众（如新闻媒介、顾客、政府机构、社区民众、中间商）进行情感交流、思想沟通，将良好的营销环境与社会形象建立起来的活动。

相较于普通促销活动，公共关系有其独特之处。

（1）公共关系的目的并非只是对企业的产品进行推销，最重要的是对企业的整体形象进行树立，通过形成企业的良好形象，实现企业经营环境的改善。

（2）公共关系有着较多的传播手段，企业不仅可以采用各种形式的直接传播，也可以对各种传播媒体加以利用。公共关系在利用传播媒体时，一般是利用新闻报道，无须支付费用。

（3）公共关系有着更广泛的作用面。广告只针对企业产品的目标市场发生作用，然而公共关系却在企业内外各方面都发生作用。

二、公共关系的对象与方式

（一）公共关系的对象

公共关系的对象是公众，但不是一个单一的公众，而是社会各方面公众的组合。企业一般的公关对象有企业内部公众、媒介公众、顾客公众、政府公众、社区公众及业务往来公众。

1. 企业内部公众

内部公众是指企业内部的职工和有关人群。企业要树立良好的形象和声誉，首先要从内部做起。只有内部关系融洽协调，职工对企业才会产生认同感、归属感，从而产生向心力、凝聚力。只有这样，才能发挥职工的主人翁责任感，树立企业的整体形象，让他们追求"团体存在的价值"。这是企业内部公共关系工作的根本任务。

2. 媒介公众

对企业来说，媒介公众一方面是一种工具，能够通过新闻大众媒介，例如报纸、电台、电视台与公众取得联系；另一方面，新闻大众媒介本身也是一种公众，他们掌握着宣传大权，对企业有重要影响，只有搞好与这一公众的关系，才能有效地提高企业的知名度。

3. 顾客公众

企业和顾客之间的关系是最重要的关系，企业应经常注意企业行为在顾客头脑中产生什么样的企业形象、企业为顾客提供商品的满意程度、顾客对产品的反应。因为失去了顾客，企业就失去了生存的基础。

4. 政府公众

政府是国家权力的执行机构，对企业有间接的控制权力。正确处理企业与政府的关系，就必须贯彻执行政府颁布的政策法规，使企业的经营方针和营销活动适应政府的政治法律环境。

5. 社区公众

社区是企业所在的区域。正确处理好所在区域的行政机关、社区团体及居民之间的关系，处理好左邻右舍的关系，尽可能为社区提供一些帮助和服务，这是企业获得良好环境，得到社区内各单位和居民爱护、合作与支持的关键。

6. 业务往来的公众

这类公众主要是指企业经营活动中的供应商、批发商、零售商、金融保险等业务往来单位，企业应与他们经常互通信息，履行有关合同，平衡与协调同他们之间的矛盾。他们是企业经营顺利进行的关键角色，这类公众也是企业公关对象中较为重要的公关对象之一。

（二）公共关系的方式

1. 宣传型公关

企业对各种沟通方法、传媒进行运用，将组织信息传递给公众，从而使公众对企业的经营方针、产品特色、价值观念有更多了解，继而对外实现美誉度的提升、影响的扩大，对内实现凝聚力的增强。宣传型公关常用的方式包括影视制品、宣传图册、形象广告、周年纪念、开业庆典、新闻发布会等。

2. 服务型公关

服务型公关，主要是企业提供优势服务，让公众对企业留下更为良好的印象，如出借雨具、免费安装、代看婴幼儿、终身保修、热线导购、提供保险等。典型的服务型公关活动如荣事达坚持的"红地毯服务"。

3. 交往型公关

交往型公关活动的主要方式为"人际交往"，旨在依托彼此联络，提供相互接触的契机，从而促进彼此感情交流。实践表明，中秋赏月会、春节团拜会、座谈会、茶话会、舞会、招待会等，都是易于操作且行之有效的交往型公关活动形式。

4. 公益型公关

"注重社会效益"是公益型公关活动的特点。通过公益型公关，企业展现出自身关爱他人、关心社会的高尚情操。如下活动形式都是较为常见的公益型公关：参与再就业创造工程、赞助文体赛事、宣传社会新风尚、资助公共设施建设、向慈善机构捐款、向希望工程捐资等。

5. 征询型公关

了解民意、采集信息是征询型公关的主要内容，旨在利用征询，实现公共印象的深化以及双向沟通的强化。征询型公关有如下活动形式：征询广告、监督电话、群众信访、舆论调查、民意测验等。企业开展征询型公关活动，应以每年消费者权益日（3月15日）前后为良好时机。

三、公共关系的策略

（一）新闻宣传

企业可以通过记事特写、人物专访、新闻报道等形式或通过多种新闻媒介实现自身宣传目标。

新闻宣传这种方式，无须企业支付费用，客观性很强，所取得的宣传效果比广告更好。不过，新闻宣传也有其必备条件，即宣传的必须是有新闻价值的事实。具体而言，该事实应当具有情感性、时效性、重要性、奇特性、接近性等特点。因此，企业一定要注重对各种信息的新闻性进行提升，使之拥有新闻价值，并能够被报道出来。

具体而言，企业可以通过记者招待会、新闻发布会等形式，向新闻界介绍企业的新动态、新措施、新产品；也可以有意地制造新闻事件，从而让新闻媒介投来关注目光。

当然，企业一定要注意，制造新闻事件，不代表对事实进行捏造，指的是适当加工事实。举例而言，企业可以利用部分新闻人物的参与，以吸引人注意力的活动形式创造出来，或是在社会大众最关心、关切的问题上表明自己态度，这些都能够增强事实的新闻色彩、吸引新闻媒介注意，从而让新闻媒介竞相对此展开报道。

公共关系的新闻宣传活动，也囊括"处理不良舆论"。假如新闻媒介上的一些报道不利于企业，又或者社会中有一些流言蜚语不利于企业，此时企业不能坐以待毙，而应当主动、积极地采取措施，通过新闻媒介对事实进行澄清或纠正。这里要注意的是，假如的确由于企业经营失误造成不良舆论产生，企业不应"狡辩"，而应通过新闻媒介，向公众致以诚挚歉意，表明自身端正的态度，主动提出并落实改进措施，如此方能对矛盾进行缓解，重新获得公众的好感、信赖与支持。

（二）广告宣传

广告宣传，顾名思义，就是利用广告开展宣传活动，主要指的是公共关系广告。不同于普通广告，公共关系广告的宣传内容并非企业的劳务与产品，而是企业整体形象，旨在实现企业美誉度、知名度的提升，并非以"扩大销售"为目的。

通常情况下，我们可以将公共关系广告划分为如下三种：其一，倡议广告，即通过广告向社会公众提倡某种观念、倡导某项活动；其二，响应广告，主要是对政府某些号召或某些重大社会活动进行响应；其三，声誉广告，主要是对企业形象进行直接宣传。

（三）企业自我宣传

企业可以通过各种能自我控制的方式宣传企业形象。例如，印刷、散发纪念册、商品目录、企业介绍等宣传材料；选派公共关系人员游说目标市场及各有关方面的公众；在公开场合演讲；等等。如果企业有条件，还可以对一些企业刊物进行创办、发行，长期宣传企业形象，实现企业影响的逐步扩大。

（四）社会交往

企业想要扩大自身影响，还应当广泛交往于社会各方面。企业要认识到，自己不应当仅有纯业务性的社会交往活动，还应当对情感性进行突出，以增进友谊、联络感情为目的展开交往。例如，逢年过节向各有关方面送节日贺卡、发礼仪电函；经常性交换资料、互通情况；举办联谊性的招待会、聚餐会、酒会、舞会。企业还可以将研究团体、俱乐部、联谊会等社团组织组建起来，又或者对这些已有组织进行参与，与社会各有关方面发展出稳定的长期关系。

第六节 广告能力

一、广告的概念和作用

（一）广告的概念

广告是以付费为原则，运用一定的艺术形式，通过一定的媒体广泛传递商品、服务信息，以增加信任、促进销售的一种经济活动。

广告发展到现代，人们已无法回避它无处不在的影响。在电视里、广播里、报纸上、街头巷尾、地铁车站……你无时无处不在接触各种各样的广告。广告正在影响着人们的消费观念，影响着人们的购买行为，甚至影响着我们的学习、工作和生活。

（二）广告的组成要素

广告作为一个整体来讲，主要由以下四个因素组成。

1. 广告主

广告的主体，是将信息传递给大众的当事人，包括各类企业、组织或个人。

2. 广告信息

广告的主要内容，包括产品的性能、质量、功效、价格、品牌等产品、服务信息。

3. 广告媒体

传播广告信息的中介物，即广告主与广告对象之间的信息媒介。广告媒体的种类较多，传统媒体主要包括电视、广播、报纸、杂志。近年来，随着高新科技的发展，网络已经成为一种重要的现代媒体。

4. 广告费

广告活动的费用。比如，利用任何一种广告媒体都需要给媒体部门支付费用。

（三）广告的分类

1. 告知性广告

其目的是为产品创造最初的基本需求，常在产品的介绍期用来介绍新产品、开拓新市场，因此，告知性广告又称创牌广告，或称开拓性广告。告知性广告主要是向市场告知有关新产品情况、提出某项产品的若干新用途、说明新产品如何使用、描述所提供的各项服务、树立公司形象等。

2. 对比性广告

对比性广告是市场激烈竞争阶段企业常用的有力武器，一般多用于处在成长期和成熟期的产品的宣传。企业实行差异性营销策略时也会使用劝说性广告，其目的是为特定的品牌确定选择性的需求，促使消费者产生品牌偏好。市场上的大多数广告都是劝说性广告，又称对比性广告或竞争性广告。此类广告诉求的重点是宣传本产品同其他产品相比的优异之处，使消费者能认知本产品并能指名购买。

3. 提示性广告

使用提示性广告的目的是使顾客保持对某品牌产品的记忆，巩固已有市场阵地，并在此基础上深入开发潜在市场和刺激购买需求。那些经常出现在各种媒体的品牌名称广告，往往既不是宣传新产品，也不是劝说消费者，而只是提示人们该品牌随时等着为你提供满意的服务。提示性广告的用意在于：提醒消费者可能在最近需要这个产品，提醒他们在哪里可以购买到这个产品，并使消费者在淡季也可以记住这些产品，保持较高的知名度。这类广告诉求的重点是着重保持消费者对广告产品的好感、偏爱和信心，因此，提示性广告又称保牌广告。

（四）广告的作用

广告以其独特的作用而成为促销的主要手段之一。广告的作用主要包括以下方面。

1. 介绍产品

广告能使顾客了解有关产品的存在、优点、用途及使用方法等，有助于顾客根据广告信息选择适合自己需要的产品。同时，广告信息的传播，对培养新的需求和新的消费方式有一定作用，对扩大销售量和开发新产品具有重要意义。

2. 促进尝试性购买

顾客使用产品是广告要达到的目的，广告能刺激、鼓励人们做第一次尝试购买。顾客通过尝试性购买和使用产品，才有可能成为企业的忠实顾客。

3. 开拓新市场、发展新顾客

企业要发展壮大，就需要谋求扩大市场，拓展产品销路。对于新的细分市场，广告能广泛、经常地接近顾客，因而能起到开路先锋的作用。广告是进行市场渗透的有力武器。

4. 保持或扩大市场占有率

广告可以让消费者经常感觉和认识到某种产品的存在。这是企业保持一定市场占有率的有效手段。

5. 树立或加深企业商标的印象

顾客购买产品时，企业的名称和商标往往是选择的重要依据。因此，企业名称和商标是否能赢得顾客的好感和信赖，直接关系着产品的销售。广告是确立理想的企业与商标印象的重要途径。

二、广告信息

（一）信息选择

广告信息的选择主要是涉及企业想告诉目标受众哪些事情。因为对于一种产品和服务来讲，能够吸引顾客的因素是很多的，广告如果什么都想说结果必然是不能给人留下任何印象，也不可能建立自身的品牌的特色，所以在进行广告宣传之前，企业必须对所要传播的信息进行认真的选择，从各种能反映产品和服务优势的要素中，挑选出一两种对顾客最有吸引力、对竞争对手最有竞争力的要素，并将其作为进行传播的主要内容。

（二）广告设计

广告设计的基本内容主要包括主题设计、文稿设计、图画设计和技术设计四部分。

1. 主题设计

广告主题必须明确，应当以广告的诉求为取向，只有明确的诉求才能达到说服受众的目的。假如主题含糊不清，那么受众就不知所云，难以产生共鸣及购买欲望。广告主题应当唯一、突出，包括目的、好处、承诺三个基本要素。广告的主题设计应围绕一定的目的展开；而消费者更关心的是商品或企业为自己带来什么利益、给予多少承诺，所以广告主题还应考虑好处和承诺，以赢得消费者的好感和信服。

2. 文稿设计

广告文稿是表现广告主题和内容的文字材料，在广告的实际制作中，它常与广告主题一起被统称为广告文案。广告文稿是传递广告信息的主要部分，一般由三方面的要素构成，即广告标题、口号和正文。广告标题即广告的题目，其作用是引起受众的注意，概括引导和提示广告内容，同时能在一定程度上美化版面、活跃布局；广告口号，又称广告语，是反映商品基本特征或企业形象的一种相对固定的宣传语句。广告口号是广告文稿的重要内容，好的广告口号不仅能够传递信息，甚至会因脍炙人口而在大众中广为流传，成为企业或产品的特定标志；广告正文，是广告的主体部分，其主要功能是把标题提示的内容进一步具体化，能说明产品的基本功能、特征，也能直接向受众传达信息，以期引起他们购买商品的欲望。

3. 图画设计

广告图画，是广告艺术化的突出反映，指运用线条、色彩及其组成图案对广告主题的表达。在平面广告中，图画通常以绘画或摄影的形式来表现，或为黑白，或为彩色；在电视或电影广告中，图画则以摄制的画面为载体，它几乎占据了广告的全部。无论哪一种广告，图画的作用都是不言而喻的，主要在于三个方面：一是吸引受众注意、强化受众记忆；二是显露广告的主题和内容；三是愉悦受众精神、美化社会环境。

4. 技术设计

技术设计是广告设计中的最后一道环节，是由广告设计向广告制作的过渡。不同的广告形式，技术设计的重点也不一样。就平面广告而言，技术设计的重点体现在版面布局上，版面布局的主要任务包括确定广告面积的大小、确定广告版面的基本形状、确定广告各部分的位置、勾画广告的装饰轮廓等。而广播广告的一个突出特点是其听觉效果非常强，由此技术设计的基本内容主要指音响与文字的和谐搭配，包括广告歌词的谱曲、背景音乐的选择及播音或对话的语气的界定等；电视广告中，技术设计偏重于场景的布置、人物的造型、音乐的穿插等；而霓虹灯或 POP 广告则注重空间的结构、灯光的烘托等。总的来讲，技术设计就是将广告设计中的所有元素进行最佳组合，使广告效果尽可能地理想化。

（三）广告创意

广告设计的成功关键在于广告的创意，即广告的艺术表现手段。广告创意是广告设计人员对广告的主题思想和表现形式所进行的创造性的思维活动，它指导着广告的设计和创作。与普通的创意相一致，广告创意的关键也在于一个"新"字，一定要有所突破，而且能给予受众愉快、兴奋的艺术享受；然而，广告创意与一般创意又有所不同，它必须符合企业的广告目标，能够在受众心目中塑造企业所期望的形象，一切都是为广告的现实目的——激发消费者的购买动机服务的，所以广告的创意要具有很强的目的性，要寻求最佳的广告诉求的表现形式。广告创意在广告活动中占据重要的地位，它对广告活动的全过程都有指导作用，其成败直接影响着广告的总体效果。

三、广告媒体

（一）广告媒体的类型

广告媒体是广告主与广告接收者之间的连接介质，它是广告宣传必不可少的物质条件。广告媒体并非一成不变，而是随着科学技术的发展而发展。广告媒体主要有以下几种。

1. 报纸、期刊等印刷类广告媒体

各种报纸、期刊是最有效、最普遍的传播媒体。报纸广告最大的优越性是读者比较稳定，宣传覆盖率高；传播迅速，反应及时；能对产品进行较详细的说明；制作简单、灵活；费用较低。但这类广告也有一定的局限性：保存性较差；报纸内容庞杂，易分散注意力；画面清晰度也差。

2. 电台、电视、电影等视听传播媒体

电台主要是用语言表达来吸引听众，由于它不受文化水平的限制，传播对象较为广泛。电视、电影广告的优点是宣传作用较大、涉及范围广泛、生动、灵活、形式多样、观众记忆深刻；缺点是费用高，竞争者较多。

3. 邮寄广告媒体

广告主将印刷的广告物，诸如商品样本、商品目录、商品说明书、商品通告函等直接寄给消费者、中间商或代理人。邮寄广告最大的优点是：广告对象明确、选择性好、传递较快；缺点是传播面小。

4. 户外广告媒体

户外广告通常包括招贴、广告牌、交通广告及霓虹灯广告等。户外广告经常作为辅助性推广媒体。

5. 网络广告媒体

网络已经发展了很多年，就广告来讲，是一种重要的媒体形式，尤其受年轻人喜欢。

（二）选择广告媒体的影响因素

1. 商品的特性及信息传递的目标

对于需要表现外观和质感的商品，如服装、化妆品等，应选用电视、杂志、互联网等具有强烈视觉效果的可视媒体，以增加美感和吸引力；对技术性要求较高的商品，可能要选用专业性杂志或目录邮寄方式；如果仅仅是一条促销活动的告知性信息的发布，广播或报纸可能是广告效益较高的媒体选择；对于只需听觉就能了解的商品和信息，则适宜选用广播作为广告媒介。

2. 目标消费者的媒体习惯

有针对性地选择广告媒体，使用目标消费者易于接受并随手可得的媒体，是增强广告效果的有效措施，也是实现广告效益最大化的必要手段。

3. 媒体的影响力

企业所选媒体的影响力应尽可能到达企业拟定目标市场的每一个角落，而且所选媒体的信誉度越高，社会公众形象及口碑越好，所发送信息的可信度就越高。报纸、杂志的发行量，广播、电视的听众、观众数量，媒体的频道和声誉，以及各种媒体的覆盖范围和相对固定的顾客群等，是媒体影响力的标志。

4. 媒体成本

从一次性的广告投入总额看，电视是最贵的媒体，相比之下报纸比较便宜。但衡量某一媒体成本高低的指标，往往是指成本与目标对象的人数之间的比例，而不是成本的绝对数字。因此，若按每千人成本计算，电视广告又可能是最合算的媒体。企业应谨慎考虑广告效果与成本的关系，尽量实现广告投入销售效益的最大化。

5. 竞争状况

假如企业基本能够垄断某一市场，则完全可以根据自身实力较为自如地选择媒体的形式。如果企业竞争对手少，并且不能构成大的威胁，则企业只需在交叉的媒体上予以重视。倘若企业被竞争对手重重包围，那么，在财力允许的情况下企业可以使用更大的广告投入，通过类似地毯式的广告轰炸来进行正面交锋，以压倒众多存在或潜在的竞争对手。当然，如果财力无法支撑庞大、持久的广告投入，则可采取迂回战术。

（三）广告媒体的选择策略

1. 无差别策略

无差别策略又称无选择策略，即在目标消费者所可能接触到的所有媒体同时展开全面的广告攻势，而且不计时间，甚至不计成本，旨在迅速地、全方位地打开和占领市场，这种广告策略也就是我们通常所说的地毯式广告轰炸。这种广告策略在保健品、医药行业颇受青睐。

2. 差别策略

在确定了符合企业的目标和任务、适合企业资源条件的细分目标市场后，企业有针对性地选择个别媒体做广告的媒体选择策略称为差别策略，其最终的目的是提高广告媒体的单位效益。

3. 动态策略

动态策略即根据广告媒体的传播效果和企业达到目标市场的需求状态来灵活选用广告媒体的策略。一种选择是先采用较多媒体大范围地进行广告宣传，在掌握了各种媒体的反馈情况后，再决定下一步的媒体选择目标，此为"先宽后窄"策略；另一种被称为"先窄后宽"策略，即先投入少量媒体广告和费用以投石问路，然后再决定是启用更多的媒体同时展开广告攻势，还是另择其他媒体从头再来。在时间许可而且竞争不足以构成致命威胁的前提下，这种策略有一定的灵活性，而且可以节省因盲目的广告投入而增加的成本。

四、广告费用

广告费用是选择广告媒体的制约因素之一。不同广告媒体的广告费用不一样。一般而言，电视、电影媒体的广告费用最高，广播、报刊次之，路牌、橱窗、招贴的广告费用最低。

对于企业来说，广告费用对它的制约主要体现在两方面：一是经济承受力，若一次性支付的广告费用很高，而企业经济实力又不是很雄厚，企业就难以选择这样的广告媒体。二是广告的经济效果，即广告费用的投入和产出之比。如虽然利用某种媒体的一次性广告费用较高，但其所引发的经济效益却远远超出广告费用的投入，企业也愿意利用这样的广告媒体。反之若效益低于广告费用的支出，那么即使该媒体的广告费用很低，企业也不会愿意投入。

第五章　营销战略与整合营销技能养成

市场营销战略作为一种重要战略，其主旨是提高企业营销资源的利用效率，使企业资源的利用效率最大化。本章从营销战略能力、整合营销能力以及营销计划与控制能力三方面展开论述。

第一节　营销战略能力

一、企业战略的含义和特征

（一）企业战略的含义及特征

企业发展战略简称企业战略，是企业以实现各种特定目标进而发展自身为基础所规划的行动纲领或行动方案，其全局性、长远性、方向性特点十分明显。从企业战略上，可以看出一个企业如何针对当前和未来市场环境变化所产生的发展机会和限制条件，从目标市场的需求出发来和留底利用自身的现有资源能力和潜在资源能力，进而推动整个企业按照既定方向发展。从实质上看，企业战略能反映出一个企业对市场营销环境的后续发展所做出的评价和预想，以及根据这些评价和预想，为最大程度地提高企业整体效益所作出的决定和选择。

（二）市场营销战略的特点

1. 全局性

市场营销战略的研究对象包括企业全局的发展规律和营销活动全局的发展规律，并着眼于营销总体的发展状况，通过规定的总体营销活动来追求企业营销的最佳效果，进而让营销发展的最终目标得以实现。

2. 长远性

市场营销战略是对企业未来较长时期（一般为 5 年以上）营销发展和营销活动的谋划。

3. 纲领性

市场营销战略中所规定的战略目标、战略重点、战略对策等对企业具体的营销活动具有权威性的指导作用。

4. 竞争性

市场营销战略可被企业用于在市场竞争中与竞争对手进行抗衡。

5. 应变性

市场营销战略的应变性特征表现为根据企业内外变化而进行合理调整，使得企业不受环境变化的影响。一个市场营销战略如果成功，那么它一定能够承担更多的风险，也能够随时进行应变性的调整。

6. 相对稳定性

具有一定弹性是营销战略具备相对稳定性的前提，因为在实际情况中，企业营销实践活动往往是动态的，外部环境是多变的，这就要求企业营销战略要具备一定的相对稳定性。

二、企业战略计划

作为一种整体，企业战略计划的构成成分包括企业任务说明、企业目标描述、企业业务组合以及业务战略计划的制定。除此之外，也包括其他一系列的工作和指导性文件。

（一）企业任务说明

站在企业的角度，可以发现企业任务的确定主要包括以下五种基本要素：

1. 企业历史

对于一个企业来说,其发展历史会对企业任务的确定产生深远影响,因为企业生产和经营的历程会决定企业在如生产、技术、市场声誉、营销渠道等领域所表现的特点和优势。

2. 管理者偏好

从某种程度看,企业管理者的偏好也会影响企业任务的选择。个人心理状况会让管理者在面对各种市场机会时产生心理上的波动。例如,管理者的好高骛远会促使他做出期望利润高、风险大的生产选择或经营选择,而管理者的谨慎会促使他做出风险较小的生产选择或经营选择。

3. 市场环境

市场环境的变化会对企业市场机会产生各种程度的影响。诸如政治、经济、社会、自然等因素发生变化,社会的需求数量和需求结构很可能会发兰相应变化,这样一来,企业所进行的某些生产和经营活动的利益和风险就会脱离预期。

4. 企业资源

对于企业来说,资源的可能性以及企业的人力、财力、物力等方面适应任务的程度都是生产和经营所要考虑的因素,因为没有一定的人力、物力、财力,任何生产和经营的任务都是无法完成的。就现代企业而言,技术资源也属于人力、财力、物力的总资源。在先进的技术加持下,资源产生可以达到事半功倍的效果。

5. 企业核心能力

企业本身的核心能力是企业任务的选择基础,它可以让企业的优势发挥出来。对于一个企业而言,掌握一定的核心能力能够使自身立于市场竞争中的不败之地,企业本身的核心能力一旦被其他企业所拥有,且其他企业在这方面的能力更强,那么企业本身会在竞争中遭遇各种挑战,甚至失败。所以,企业要发掘自身在资本、技术、成本、资源和环境等各个方面的优势,并将其发挥出来,以之为发展基础进行生产和经营。

（二）企业业务组合

可以用战略经营单位（Strategic Business Units，SBU）来形容值得企业专门定制经营战略的最小经营单位。实际情况下，主要以各项业务之间是否存在共同经营主线为标准对 SBU 进行区分，这也是贯彻市场导向、保证其切实可行的前提。

1. 波士顿"市场成长份额"矩阵

波士顿矩阵（BCG Matrix：Boston Consulting Group）也叫市场增长率—相对市场份额矩阵。1970 年，美国著名管理学家，同时也创办了波士顿咨询公司的布鲁斯·亨德森为了对企业产品组合进行分析和规划而首次提出了这一方法。

根据波士顿矩阵，通常情况下，产品结构由市场引力、企业实力两种基本因素决定，其中前者包括企业销售量（额）增长率、目标市场容量、竞争对手强弱及利润高低，而销售量（额）增长率能够将市场引力的综合指标反映出来，它也是外在决定企业产品结构合理性的因素；后者包括市场占有率，技术、设备、资金利用能力，而市场占有率能够将企业竞争实力彰显出来，是内在决定企业产品结构的因素。如图 5-1-1 所示，在波士顿矩阵里，不同象限里的企业产品对应着不同的定义和战略对策。

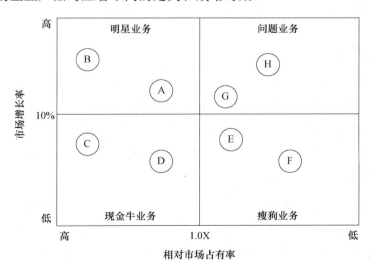

图 5-1-1 波士顿矩阵图

（1）明星产品（stars），在波士顿矩阵中处于高增长率、高市场占有率的象限位置。在雄厚的资金支持下，这种产品成为企业现金牛产品的概率相当大；这种产品对应的发展战略是：以长远利益为指向，通过扩大经济规模、增加市场机会的方式来扩大产品的市场占有规模，进而取得具备强竞争力的市场地位。需要注意的是，无论是明星产品的发展战略还是与之相关的管理、组织方略，事业部的运作形式较为适用，并且要保证事业部的领导者兼具生产、销售两方面的技术。

（2）现金牛产品（cash cow），也叫厚利产品，在波士顿矩阵中处于低增长率、高市场占有率的位置，这种产品往往处于成熟阶段，因其销售规模大、产品利润率高、负债比率低等特征，这种产品可以称为企业的部分资金来源，其增长率低的特点也决定了这种产品不需企业进行再投资，可以说这种产品是企业进行资金回收、发展其他产品的坚实基础。在这种产品对应的波士顿矩阵的象限里，很多产品的市场占有率均呈现下跌趋势，而企业想要在短期内将这类产品的利益最大化，就要实施收获战略，具体步骤包括：① 尽可能压缩设备投资和其他投资；② 通过榨油式方法，以尽量缩短时间为前提最大限度地榨取产品利润，并将所获资金投入其他产品的开发和运营上。然而，在这一象限里，不是所有的产品都呈现下跌趋势，对于少数呈现增长趋势的产品，企业需要对其市场进行细分，使其尽量维持现有状态，或者放慢下降速度。此外，在企业管理现金牛产品时，推荐实施事业部制，但要保证其经营者具备一定的市场营销能力。

现金牛业务具备低市场成长率、高相对市场份额的特征，不仅能引领成熟市场，也能为企业提供现金。在市场已经成熟的情况下，企业无需考虑市场规模的扩展，而现金牛业务以其足够的规模经济和高边际利润，能为企业提供强大的资金动力。就实际情况而言，现金牛业务常常被企业用作支付账款、支持其余三种现金需求较大的业务。如图5-1-1所示，该公司仅有一个现金牛业务，其财务状况令人担忧，这是因为充满不确定性因素的市场环境随时都在变化，如果现金牛业务的市场环境发生改变，公司只能挪用其他业务的资金为之"充血"。没有这种操作，现金牛业务的最终结果很可能是瘦狗业务。

（3）问号产品（question marks）在波士顿矩阵中处于高增长率、低市场占有率的位置，这也决定了其市场前景好、市场营销不佳的特征。从财务角度看，这类产品的利润率低、所需资金短缺、负债比率较高。此外，这类产品还会出现在产品生命周期中的引进期因各种问题不能将市场局面打开的问题。选择性投资的战略是企业处理这种产品时比较好的选择。企业首先要确定这类产品中哪些产品有望在投资后成为"明星产品"，然后对其加大投资力度、提高市场占有率，使其向"明星产品"转变；对剩余产品要挖掘其成为"明星产品"的潜能，进而对其进行不同程度的支持。由此看来，企业在规划长期计划时，要将问题产品的改进和扶持纳入考虑范围。在管理、组织问题产品时，智囊团、项目组织等形式是企业应该采取的措施，但要注意措施的负责人要具备一定的规划能力，敢于拼搏、勇于开拓。

（4）瘦狗产品（dogs），也叫衰退类产品，其特点是增长率低、市场占有率低。从财务角度看，这类产品的利润率低而负债率高，最好的状态也只能是保本，企业无法从这类产品上获取收益。在处理这类产品时，撤退战略是企业的优先选项。首先要减少批量，淘汰在销售增长率、市场占有率等方面表现都极为不佳的产品，并要有步骤、有条理地撤退；其次，企业要将这类产品的剩余资金和资源收回，并根据实际情况分配给其他产品；最后，企业要整顿这一系列的产品，理想状态是瘦狗产品和其他事业部结合，企业对其整体管控。

2. GE 法

GE 法也叫多因素矩阵评价法，由美国通用电器公司以波士顿矩阵法为基础创立出来的。如图 5-1-2 所示，根据多因素组合矩阵，以市场吸引力和企业优势大小为标准可以对企业产品进行划分。

（1）市场吸引力。如图 5-1-2 所示，纵轴代表市场吸引力。市场吸引力包括以下八种内容：

① 市场规模。行业的市场规模在一定程度上决定其吸引力的大小。

② 市场增长率。市场增长率在一定程度上决定其吸引力的大小。

③ 利润率。利润率和吸引力成正比关系。

④ 竞争程度。竞争程度与吸引力成反比关系。

111

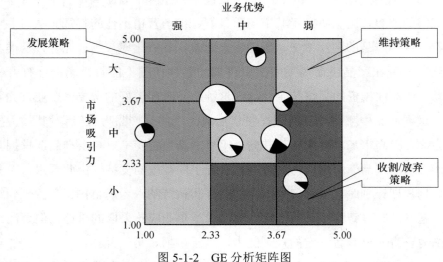

图 5-1-2　GE 分析矩阵图

⑤ 周期性。受经济周期影响的程度与吸引力成反比关系。

⑥ 季节性。受季节性影响的程度与吸引力成反比关系。

⑦ 规模经济效益。对于一个行业来说，其单位产品成本随生产和分销规模的扩大而降低的效果与吸引力呈正比，其效果越好，吸引力越大。

⑧ 学习曲线。对于一个行业来说，单位产品成本随经营管理经验的增加而降低的效果与吸引力呈正比关系，其效果越好，吸引力越大。在特定条件下，如果单位成本无法降低，那么这种行业的吸引力就无法增大。

（2）业务优势构成。如图 5-1-2 所示，横轴代表企业的战略业务单位的业务优势，主要由以下六部分内容构成。

① 相对市场占有率。对于一个企业来说，拥有高相对市场占有率也就拥有较强的业务力量。

② 价格竞争力。对于一个企业来说，拥有较强价格竞争力也就拥有较强的业务力量。

③ 产品质量。产品质量高的企业，其业务能力也就更强。

④ 顾客了解度。对顾客了解更深的企业，其业务能力就更强。

⑤ 推销效率。推销效率高的企业，其业务能力也就更强。

⑥ 地理优势。对于企业而言，地理位置也是十分重要的。企业的市场地

理优势越大，其业务能力也就越强。

（3）投资策略。以上述两大类因素的各个具体项目为标准，企业进行相应评估和打分，并根据评估结果对其加权合计，然后通过"多因素矩阵评价法"对所得的行业吸引力、企业业务力量的数据进行分析，进而将之划分为绿色、红色、黄色三种区域。

进行上述区域划分操作的目的是方便企业根据实际情况进行投资决策，具体的投资策略分为以下三种：

① 发展策略。这种策略适用于绿色区域，可以推动长远发展。

② 维持策略。这种策略适用于黄色区域，以保证其投资水平稳定在某一水平上。

③ 收缩或放弃策略。这种策略适用于红色区域，在投资上不增加也不收回。

三、业务组合的发展和调整

企业的业务组合扩展主要包括三种内容：第一，"密集型成长机会"，指的是企业在现有的业务领域中继续投资和发展；第二，"一体化成长机会"，指的是企业发展与主要业务有关联的相关业务；第三，"多角化成长机会"，指的是企业在与企业业务无关的新领域拓展业务。

（一）密集型成长机会

因为企业对于主要业务是非常熟悉的，所以密集型成长机会的拓展相对比较容易。但也因为密集型成长机会所拓展的业务与企业主要业务整体重合，所以主要业务的发展空间会限制密集型成长机会拓展的业务的收益。通常情况下，提供新产品、开拓新市场是密集型成长机会的拓展业务的优先选择，安索夫（Ansoff）的"产品—市场方阵"就是以此为基础而形成的，其主要通过产品发展、市场发展的二维模型构建企业密集型成长的基本战略，这些战略包括：（1）市场渗透战略，能够让现有产品在现有市场的基础上更加深入地推广，从而获取更大的市场份额占有率；（2）市场开发战略，能够通过如区域转移、消费群体转移等的方式为现有产品开拓新市场；（3）产品开发战略，能够以现有的业务领域为基础开发新的产品，进而满足广大顾客群体的多元化需求；（4）多元化经营战略，能够针对不断更新的市场需要开发新产品。然而，密集型成长机会所拓展的业务始终无法脱离企业的主要业务范畴，所以它与"多角化成长机会"有着层次上的差异。

（二）一体化成长机会

以企业的资源条件和发展需要为划分标准，"一体化成长机会"的开发包括以下几种内容：

（1）向上游产业扩展的"后向一体化"，可以建立原材料供应基地。

（2）向下游产业发展的"前向一体化"，可以构建本业务的垂直分销网络、开设各个专卖店。

（3）"水平一体化"，可以让企业以收购、兼并部分竞争企业为手段进行销售量的提升和市场份额占有率的提高。

以"一体化成长机会"为手段，企业有很多拓展业务组合的做法。例如，企业重新投资建设，并创建新企业、新部门；收购以该业务为主要业务的现有企业，丰富自身的业务组合。通常情况下，只要从事该业务的现有企业的技术没有特别落后、收购以该业务为主的现有企业的成本不是很高，甚至收购和兼并的情况基本可以忽略，大多数企业不会亲自重新投资建设，而会更倾向于收购、兼并，以此来让自身的"一体化"战略得以实施。

（三）多角化成长机会

在多角化成长机会的影响下，企业会在主业务之外的新领域拓展新业务。多角化成长机会的扩展途径分为三种：第一种，以消费关联性为主的"水平多角化战略"，指的是企业着重开发和自身产品、自身业务有一定关联的业务，如以宾馆经营为主业务的企业可以创办出租车企业或旅行社，也可以创办与宾馆装修相关的企业；第二种，以资源（生产）关联性为主的"同心多角化战略"，指的是企业以现有可利用的资源和技术设备为基础研发新的产品或业务，并将之投入市场进行相应的盈利，如以木质家具为主业务的公司可以研发木质工艺品、木质装饰品、木制玩具等新产品，并将之投入市场进行经营；第三种，"跨行业多角化战略"，指的是企业选择与现有主业务无关的新领域进行投资开发，如房地产企业投资家用电器企业、石油公司开发主题游乐场等。从本质上看，无关联多角化属于资本运作，这与"多角化战略"不谋而合。

四、业务战略规划

业务战略规划指的是企业的各个具体业务单位从企业的总体战略出发，所制订的能够直接指导企业各项业务运转的指导性战略文件。业务战略规划的制订属于工作程序，其谋略性特征十分明显。

（一）业务描述（业务单位任务书）

业务描述指的是具体业务单位界定和认识某项即将开展的业务，其呈现形式往往是说明本单位所开展的具体业务、本单位与企业整体之间的关系的任务书。

（二）SWOT 分析

SWOT 分析是业务单位对其即将开展的业务进行环境分析的方法，业务单位会根据 SWOT 分析的结果来规划下一步的战略和战略目标。SWOT 分析包括分析开展某一业务的机会（opportunities）、威胁（threats）的外部环境以及分析开展某一业务的优势（strenth）、劣势（weaknesses）的内部环境。

业务外部环境的分析（O/T 分析）指的是从宏观、微观等角度去分析影响某一业务的各种因素，从而厘清开展该业务在发展前景、市场潜力、盈利空间、潜在风险等诸多方面的内容。此外，外部环境的分析还包括分析开展某一业务可能会遭遇的如原材料供应短缺、竞争产品增多、替代产品问世、市场需求改变、政策变动、自然气候改变等各种负面情况及其他未知的突发状况。换句话说，在评价、选择业务时，对机会和风险进行比较、分析是十分重要的。

内部环境分析（S/W 分析）指的是以和竞争对手或行业平均水平进行比较的方式来分析业务单位所具备的优势和不足，进而使业务单位在后续的发展中扬长避短，发挥自身优势，提高自身竞争力。在进行内部环境分析时，业务单位的不足之处是不能忽略的，发现业务单位存在的不足可以使得业务单位在规划业务战略时将降低损失的方法和补救方法纳入考虑范畴。

需要注意的是，在实际情况中，要将外部环境分析和内部环境分析有机结合，才可以更加清晰地对业务战略目标和方式进行设定，这是由于对于业务单位而言，无论优势还是不足都是以特定的环境条件为前提的，业务单位的环境条件会在一定程度上对业务单位本身产生影响。

第二节　整合营销能力

一、整合营销概念及特点

（一）整合营销的概念

整合营销是一种方法，也是一种营销理念，具体指的是系统化结合某一营销活动的各个层面，并根据环境对其进行动态修正，从而保证进行交换的双方都能使价值增值。

在观念上，整合营销属于市场营销沟通计划。整合营销要求评估如一般性广告、直接反应广告、销售促进、公共关系等各种沟通方式的战略地位，并综合分散的信息。以结合上述的操作为基础，整合营销可以让沟通达到最大程度的明确、一致的效果。

（二）整合营销的特点

特点一：对于整合营销的传播来说，消费者是中心。

特点二：以深刻、全方位地了解消费者为建立资料库的基础。

特点三：真正的"消费者价值"观念是整合营销传播的核心任务，要保证和具备高价值的与消费者之间的紧密联系。

特点四：进行营销传播，发掘信息支撑点。企业无论通过什么手段，都要清晰掌握产品和服务的实时信息。

特点五：在整合营销时，企业要尽量将全部的传播媒介手段使用出来，这些传播媒介手段包括但不限于能够将品牌、产品类别及其他与市场相关的信息传递给消费者和潜在消费者的各种传播媒介。

特点六：紧跟移动互联网的发展脚步。现如今，互联网向移动互联网不断延伸，手机作为终端也不断智能化，这给原有计算机互联网带来了颠覆性的冲击。在此前提下，要时刻把握市场需求，整合现有的横向、纵向等方面的资源，进而对移动营销价值进行进一步的整合和传播。例如，作为移动营销整合服务商，百分通联已将金融、汽车、IT 数码、房地产等行业覆盖于自身旗下，其中也不乏部分典型成功案例。

二、整合营销的内容

（一）营销战略的整合

在整合营销观念看来，企业内的各个部门不仅负责营销，还负责满足顾客的各种需要，更要兼顾顾客利益和企业的利益，这些都需要通过整合营销来完成，进而让企业的竞争优势更进一步。整合营销在将企业的营销从策略层面转变为战略层面的基础上，将业务整合和系统规划的必要性明确了出来。

根据营销整合理论，营销的视角包括企业层次、营销层次、沟通层次三种，且分别对应企业战略、营销战略、沟通战略三种战略，如图 5-2-1 所示。

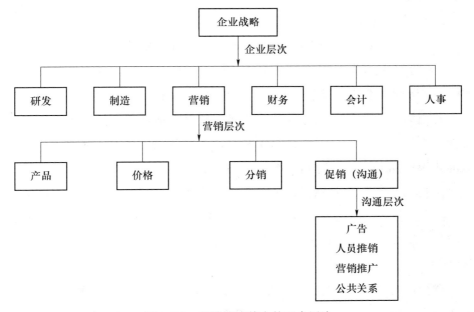

图 5-2-1　营销战略整合的三个层次

1. 企业战略

对于企业来说，企业战略在众多战略中的层次最高，其实施基础是某一战略业务单位，在内容上主要分为成长战略、维持战略、收获战略、放弃战略、创新战略等。企业组合要素是企业实施企业战略的前提，其在业务流程上主要由研究开发、工程技术、生产制造、财务会计、人力资源、市场营销等几个方面构成。在对企业组成要素进行管理和组织时，要以职能为标准进行划分，并保证其各个业务流程在企业战略实施的过程中相辅相成。

2. 营销战略

营销战略在层次上位于企业战略和沟通战略之间，属于营销层次的战略，在内容上主要由领先战略、差异化战略、集中战略组成。在这三种战略中，成本领先战略倾向于明确价格要素的作用，差异化战略的实现方式可以是利用产品和服务的差异化进行定位，而集中战略的实现方式可以是对特定顾客群体进行定位。对于一个企业来说，想要让营销战略落实，就必须合理地调度包括产品、价格、分销、促销等方面在内的营销组合要素。

3. 营销沟通战略

对于企业来说，营销沟通战略在众多战略中的层次最低，属于营销沟通层次，它的主要任务是以寻求消费者的认知、情感、行为等方面的反应为方法，刺激消费者进行购买行动。以消费者购买商品时的思考方式为标准，可将营销沟通战略划分为理性战略和感性战略，前者指的是通过理性的手段为广大消费者展现与产品或品牌利益有关的营销信息，让消费者以此为基础认识产品、了解品牌知名度；后者指的是以感性诉求为主要手段，为广大消费者展现与产品或品牌利益有关的营销信息，让消费者产生新的看法，并产生新的品牌偏好。这两种战略在营销沟通工具上都以广告、公共关系或其他相关方式为主，但在诉求方式、信息内容、媒体选用等方面存在明显区别。

整合营销的任务是建立企业战略、企业营销战略、营销沟通战略等三方之间的合理协调关系，在规划企业战略管理体系时要根据顾客的利益和切实需求制订明确的企业利益和企业目标。

（二）营销工具的整合

营销战略的实施要依靠特定的营销方案，而营销方案的内容是通过合理分配各种营销工具，最大限度地提高企业效益。营销工具在内容上分为产品、价格、分销、促销（沟通），在内容上包括整合各个营销组合要素以及对整合某一营销组合要素的内部。

1. 产品组合

产品组合主要包括以下几方面的内容。

（1）产品质量。企业的促销环节以及各项活动都涉及营销沟通。从实际情况看，顾客的认知会影响产品的质量，所以在开发产品时要注意产品、产品认知、产品传播等方面的质量和互相之间的契合，也要注意合理调控产品质量和分销渠道。

（2）产品设计。产品设计能够将产品特色、产品性能、产品风格等方面的沟通价值体现出来。在进行产品设计时，要以目标市场顾客的需求为设计基础，同时兼顾相应的价格、分销以及营销沟通。

（3）产品特征。产品特征在很大程度上影响着营销沟通的独特利益和产品的吸引力，也影响着产品的顾客价值。在对产品特征进行开发和规划时，要协调地看待顾客认知价值和相对成本。此外，在实际情况中，将产品特征、营销沟通和价格进行整合是十分有必要的。

（4）产品包装。在当今社会，产品的包装在营销上的影响力越来越大。产品包装需要注意以下三点内容：第一，要根据产品的质量、特征进行包装；第二，无论是文字说明、图案印花，还是品牌标记，产品的包装元素要服务于同一主题；第三，产品的包装要兼顾产品的价格、分销渠道、沟通方式等营销工具。

（5）品牌。品牌营销在企业营销中占据重要的位置，这是因为对于产品和企业来说，品牌涵盖很复杂的要素，无论是进行塑造、维护，还是发展，企业都要不断地研究品牌，并持续投资。在进行品牌整合时，不仅要注意各个品牌要素之间协调一致，让品牌属性和品牌利益齐头并进，也要统筹品牌要素和各种营销工具。

2. 价格组合

就实际情况看，对于消费者的购买决策来说，非价格因素的影响力越来越大，但价格、收入、市场份额、利润之间的关系是十分紧密的，企业在制定产品价格时一定不能忽略其他营销工具。

第一，价格战略要与产品战略进行关联。通常情况下，产品的质量和其独特性、声望、名誉都成正比，如果消费者对某一产品的价格敏感度不是很高，那么企业就可以提高产品的价格。

第二，价格与分销的联系十分紧密，分销地点不同、分销商不同，对价格的反应程度和分销成本也就不同，这也能解释为什么高档、名贵的产品会出现在专卖店或专柜里。

第三，价格要与营销沟通进行整合，因为这样可以改变消费者对产品的认知程度。价格的制定依据是消费者的认知，而消费者的认知是各种营销工具的运用成果。

3. 分销组合

进行分销组合的必要措施是与各种营销工具协调配合。

首先，分销要与产品进行整合。选择分销渠道时要考虑产品具备的物理特征，也要兼顾产品的技术复杂程度、产品生命周期。

其次，分销要与营销沟通进行整合。分销渠道的营销沟通功能十分强大，制造商在规划分销策略时要结合商店影响和产品形象，也要注意批发商以人员推动为主要促销方式，而零售商的促销方式主要有广告、销售促进、公共关系。企业的推式和拉式策略不同，对应的营销沟通与分销的整合方式也就不同。对于推式策略而言，每一个环节都要注重分销和沟通的整合；对于拉式策略而言，制造商的直接沟通对象是消费者。此外，从消费者的购买便利出发，分销要与营销沟通建立紧密联系。

再次，分销要与价格进行整合。在具体的分销过程中，零售商的价格在定位上很重要，目标市场、竞争状态会产生直接影响。

最后，企业整体分销系统的各个组成部分要协调整合。

4. 促销（沟通）组合

根据 4C 理论，促销组合的本质是营销沟通组合的最低层次。营销沟通的最终目标是改变消费者关于购买产品的态度和行为，所以在营销整合的过程中，必须保证营销沟通信息足够清晰简单、足够统一、与消费者的认知足够吻合。

（三）营销沟通的整合

营销沟通过程存在的主要问题是怎样在取得特定沟通效果的前提下尽量压低成本，以及怎样在成本不变的情况下提升整体沟通效果。这两个问题也是研究各种沟通工具及相互间协调关系的出发点。

1. 广告

广告有优势也有不足，前者表现为能够对建立长期形象产生积极作用，并进一步推动短期销售；后者表现为高成本。以广告目标为标准，可以将广告划分为通知型广告、说服型广告、提醒型广告三种。其中，通知型广告的任务是建立品牌认知，它是产品在导入市场阶段的广告措施，在这个阶段里企业也要通过销售促进、人员推销、公共关系宣传等方式加以密切配合；说服型广告的任务是建立品牌偏好，它是产品处于成长期的广告措施，同时为配合说服型广告，企业要进行公共关系宣传、销售促进；提醒型广告的任务是建立长期的品牌形象、短期的消费提示，它是产品进入成熟期的广告措施。在这个阶段，企业要进行销售促进加以配合。

2. 销售促进

就社会实际情况看，在营销沟通的预算里，销售促进的占比正越发上升，这种情况在消费品业内尤为明显。销售促进工具具备短期影响的特征，对于提升长期品牌偏好所发挥的作用十分有限，所以在运用销售促进工具时，企业要运用其他营销工具加以配合，从而发挥更大的作用。整合销售促进的过程存在以下几点问题：

（1）将各种推广工具的优点和不足、推广对象作为标准，对具体销售促进工具进行选择。

（2）在整合各种具体的销售促进工具时，要保证其在时间、内容等层面协调统一。

（3）注意销售促进工具与其他营销沟通工具的协调配合。

3. 公共关系

营销共同工具的关系也叫营销公共关系，其本质属于一种重要的企业整体公共关系。企业整体公共关系主要分为媒体关系、企业内部公众关系、金融关系、公共事务和社区关系、营销公共关系等。营销公共关系代表宣传，其核心任务是以获得媒体的免费报道为手段推动企业形象的建立或提升产品的销售效果。公共关系与其他营销沟通工具有所区别，其主要优势在于可信度高、成本效益高、建立知晓度的速度快，但也存在效果无法预估的不足之处。公共关系的成功与否主要在于其与剩余的营销沟通工具之间的整合效果。

4. 人员推销

销售人员以与顾客建立关系为工作宗旨，这种建立的本质是一对一沟通，而人员推销在增加销售上表现得最为直接。相对来说，其他营销沟通工具的本质更偏向大众，所发挥的作用自然就不够直接。就通常情况看，在组织结构和工作性质的约束下，销售人员和营销沟通人员都具备独立特性。人际沟通和非人际沟通的交互情况会对整体的沟通效果产生不可控的影响。所以，整合人员推销和其他非人际营销沟通工具是十分有必要的，并尽量达到这几种效果：第一，整合人员推销和广告。广告的用途是在日常生活中向公众展示与企业和产品有关的基础信息，几乎不存在相应的信息反馈和调整机会，这也从侧面反映出人员推销与广告的整合的重要性，尤其是在新产品的上市阶段。人员推销的沟通本质是一对一，能够发挥弥补广告遗漏、向公众讲解、根据反馈信息做出调整等多种作用。第二，整合人员推销和销售促进。销售促进能够很大程度地促进人员推销，将两者结合可以提高消费者的购买欲望。第三，整合人员推销和公共关系。公共关系可以对产品（或企业）与公众的关系进行构建和维持，在产品（或企业）与公众消费者们的关系构建中，销售人员十分重要，所以整合人员推销和公共关系是企业的必然举措。第四，将人员推销与其他营销沟通工具进行整合。将人员推销与包括销售点广告在内的其他沟通工具结合，可以有效提升整体协同效果。

第三节　营销计划与控制能力

一、市场营销计划系统

（一）市场营销计划

现代营销管理，既要制定长期的战略规划，决定企业的发展方向和目标，又要有具体的市场营销计划，具体实现战略计划目标。因此，企业应依靠两个计划系统的支持，即战略计划系统和市场营销计划系统。

市场营销计划是对每一项业务、产品线或品牌的具体营销方案与计划。战略计划决定了各项战略业务单位的目标与方向，然后，每项业务还需要制订一个具体的营销计划。例如，战略计划认为某一个品牌有增长潜力，应发展该品牌，这时就需要制订该品牌具体的营销计划以实现战略目标。

市场营销计划包括长期计划和年度计划。

长期计划（五年计划）描述五年内影响该品牌的主要因素、五年的目标以及市场占有率、销售增长率等主要战略目标和投资计划等。

年度计划，即根据长期计划而逐年制订的详细计划，主要分析当前的营销环境、面临的机会与挑战、年度内的市场营销战略、计划项目、预算等。

（二）市场营销计划内容

1. 计划概要

市场营销计划的概要是对本计划目标和内容作扼要概述。该项内容无须过于细致复杂，因为具体目标与内容在计划的其他部分会有更具体的描述。

2. 目前市场营销形势

在这一部分，需要提供的内容主要包括与市场、产品、竞争、分销、宏观环境等方面相关的背景数据。

（1）市场形势：提供目标市场的各项数据。

（2）产品形势：提供以往几年的产品线上主要产品如销售、价格、边际收益、净利润等方面的数据。

（3）竞争形势：提供竞争对手及其规模、目标、市场份额、产品质量、营销战略、意图、行为特性等方面的数据。

（4）分销形势：提供各分销渠道规模和重要性相关的数据。

3. 机会与问题分析

这一部分，需要展现的内容是当下产品的主要机会、威胁、优势、不足和产品线等相关问题。

（1）机会与威胁分析：厘清将业务可能面对的主要机会和威胁。

（2）优势与不足分析：厘清产品的优势与不足。

（3）问题分析：根据上述步骤发现的问题，明确计划中心所必须指出的主要问题。

4. 目标

实现营销目标是营销计划的最终目的，是营销计划所有内容的服务指向。目标分为财务目标和营销目标两类，这两类目标都必须明确量化。

（1）财务目标：包括投资收益率、净利润、净现金流量。

（2）营销目标：包括销售额、销售增长率、销售量、市场份额、品牌知名度、美誉度、分销网点、销售价格。

5. 营销战略与策略

营销战略与策略提供是计划目标实现的主要营销手段。它们的制定并非仅仅是营销计划制订者的任务，而需要组织各个部门、领域的人员参与，如采购人员、制造人员、销售人员、广告人员、财务人员等；否则，等到产品下线再准备营销策略，会给企业带来灾难性的后果，如产品缺乏市场需求或出现定位偏差等。

一般而言，营销战略在营销计划中常以下列条目来加以描述：目标市场、产品定位、产品线、产品定价、分销网点、销售队伍、广告、销售促进、产品研发、市场调研等。

6. 行动方案

营销战略表明了企业为实现营销目标而明确的总体思路与措施，而行动方案则是开展营销行动的具体手段与途径，是实现营销战略与目标的根本保证。

7. 促销方案

包括针对经销商和针对消费者的两部分促销方案。

二、市场营销控制系统

（一）市场营销控制的原则

市场营销控制原则以适度为贯彻核心，不仅能够协调组织营销活动在目标、规模、组织等方面的资源，并将现有资源的创造潜能发挥出来，而且能够将营销风险调控到可控限度内，进而让组织更加稳定、更加持久地向前发展。

1. 目标匹配原则

要将营销规模和营销目标结合。在特定的营销目标约束下，营销规模过小不易达到组织目标，而营销规模过大，也会形成资源浪费，甚至给组织经营造成混乱，破坏组织形象。

还有的组织过度依赖广告的作用，没有把精力放在生产质量与服务质量上，广告规模与组织生产能力和服务能力、广告力度与组织生产质量和服务质量不匹配，这样的组织最终会被市场抛弃。在 20 世纪 90 年代，这样的例子在中国市场上并不少见，以广告起家的人，并不能靠广告生存下去。所以，营销规模一定要与营销目标一致，与组织的生产能力、服务能力和其他资源条件相一致。

2. 现金流动原则

现金流动原则指的是以当下组织可以承担的财务能力为依据组织当下营销活动所需要的资源，不能将组织的总财产情况作为营销决策、营销计划的规划依据。现金流动原则也是许多其他组织活动决策的主要依据之一。比尔·盖茨曾说过，只要微软有足够的现金支付员工一年的工资，他就不用担心公司的生存问题。只有现金才是当前营销活动的经济基础，变现力弱的资产是不可以作为现阶段营销活动的资金保障的。因此，组织总资产多并不表示它可以支持大规模的营销活动，而组织总资产少、现金多，却可以支持现阶段的规模较大的营销活动。

3. 例外事件原则

明确例外能够保持组织的灵活性，对于提高组织各个管理人员和营销人员的工作效率也有积极作用。例外实践原则强调未来营销计划的执行环境无法被管理者全盘地、精准地预测。

实际情况中，部分例外事件可以被归纳在营销计划的实施过程中，且不会对组织完成任务的能力产生负面影响，但有些例外事件会很大程度地改变组织营销活动的动向。解决这一问题的方法是在初期制订具体规划、明确标准时，要为未来不可控的例外事件设定包容空间。在预测营销活动最好和最坏的两极结果后，组织要将其视为整个营销活动产生波动的上限与下限。另外，将决策权合理分配也是处理例外事件的有效途径，部分影响力较小的例外事件不会让组织目标产生剧烈波动，处于低层次的管理人员可以自行处理；当低层次的管理人员无法控制例外事件时，这些管理人员就要上报高层次的管理人员，让高层次的管理人员来处理这种例外事件。分配决策权的方法适用于处理任何例外事件，对节省各级管理人员的工作效率、节省管理人员的时间精力都有积极作用。

4. 持续发展原则

要保证营销活动持续发展。各个时期需要存在营销活动，这些营销活动需要进行创新。不同营销活动之间既相互关联，又各自独立。例如建立一个品牌的过程就是一个持续营销过程，通过一系列的广告宣传和树立形象的活动，组织品牌逐渐为消费者所熟悉和认知，并建立对品牌的忠诚。与营销活动的持续发展相适应，营销预算应该是持续的，各个时期都要有一定的营销预算。从总体来看，组织可按照一定的标准，如销售额、利润额的百分比或者竞争对等法等，制订组织的总营销费用，然后，按照每年的营销活动计划，把营销预算分配给各个营销活动。不同类型的组织对营销活动持续性的需求是不一样的，商业领域和日用消费品领域的经营者需要不断地进行各种营销活动。

5. 标准合理原则

市场营销控制标准要具备合理性，以便营销人员通过自身努力达到目标。一套合理的标准应该富有挑战性，并能鼓励员工表现得更好，而不是让人感到沮丧或动力不足。

（二）市场营销控制的基本形式

1. 年度计划控制

任何企业都要制订年度计划，然而，年度市场营销计划的执行能否取得理想的成效，还需要看控制工作进行得如何。所谓年度计划控制，是指企业在本年度内利用控制手段，检查实际绩效与计划之间是否有偏差，并采取改进措施，以确保市场营销计划的实现。许多企业每年都制订有相当周密的计划，但执行的结果却往往与之有一定的差距。事实上，计划的结果不仅取决于计划制订得是否正确，还取决于计划执行与控制的效率如何。可见，年度计划制订并付诸执行之后，搞好控制工作也是一项极其重要的任务。

年度计划控制的主要目的在于：

（1）促使年度计划产生连续不断的推动力；

（2）控制的结果可以作为年终绩效评估的依据；

（3）发现企业潜在问题并及时予以妥善解决；

（4）高层管理人员可借此有效地监督各部门的工作。

年度计划控制系统包括四个主要步骤：

（1）制定标准，即确定本年度各个季度（或月）的目标，如销售目标、利润目标等；

（2）绩效的测量，即将实际成果与预期成果相比较；

（3）因果分析，即研究发生偏差的原因；

（4）改正行动，即采取最佳的改正措施，努力使成果与计划相一致。

企业经理人员可运用五种绩效工具核对年度计划目标的实现程度，即销售分析、市场占有率分析、市场营销费用与销售额比率分析、财务分析、顾客态度追踪分析。

2. 盈利能力控制

盈利能力控制是指企业需要衡量各种产品、地区、顾客群、分销渠道和订单规模等方面的获利能力，市场营销盈利能力分析显示了不同渠道、产品、地区或其他市场营销实体的相对盈利能力。它既不证明最好的行动方案是放弃没有盈利能力的市场营销实体，也不是说如果放弃这些刚好够本的市场营销，实体就一定会有可能提高利润。盈利能力分析的目的在于找出妨碍获利的因素，以便采取相应措施排除或削弱这些不利因素的影响。公司可采用的调整措施很多，企业必须在全面考虑之后做出最佳选择。

（1）营销盈利能力分析的主要步骤为：

① 首先测定每一项活动需要多少费用，确定功能性费用。

② 测定通过每种渠道销售产品各需多少功能性费用，将功能性费用指定给各市场营销实体。

③ 为每个市场营销实体编制一份损益表。

（2）盈利能力考察的指标：

① 销售利润率。销售利润率是指利润与销售额之间的比率，表示每销售100 元使企业获得的利润，它是评估企业获利能力的主要指标之一。其公式是：销售利润率 =（本期利润 ÷ 销售额）× 100%。

② 资产收益率。资产收益率是指企业所创造的总利润与企业全部资产的比率，其计算公式是：资产收益率 =（本期利润 ÷ 资产平均总额）× 100%。其分母之所以用资产平均总额，是因为年初和年末余额相差很大，如果仅用年末余额作为总额显然不合理。

③ 净资产收益率。净资产收益率是指税后利润与净资产所得的比率。净资产是指总资产减去负债总额后的净值。净资产收益率的计算公式是：净资产收益率 =（税后利润 ÷ 净资产平均余额）× 100%。

④ 资产管理效率。可通过以下比率来分析：

A. 资产周转率。资产周转率是指一个企业以资产平均总额去除产品销售收入净额而得出的比率，其计算公式是：资产周转率 = 产品销售收入净额 ÷ 资产平均占用额。

资产周转率可以衡量企业全部投资的利用效率，资产周转率高说明投资的利用效率高。

B. 存货周转率。存货周转率是指产品销售成本与产品存货平均余额之比，其计算公式是：存货周转率 = 产品销售成本 ÷ 产品存货平均余额。

存货周转率是说明某一时期内存货周转的次数，从而可以考核存货的流动性。存货平均余额一般取年初和年末余额的平均数。一般来说，存货周转率次数越高，说明存货水准较低、周转快、资金使用效率较高。

资产管理效率与获利能力密切相关。资产管理效率高，获利能力相应也较高。这可以从资产收益率与资产周转率及销售利润率的关系中表现出来。资产收益率实际上是资产周转率和销售利润率的乘积：资产收益率＝（产品销售收入净额÷资产平均占用额）×（税后息前利润÷产品销售收入净额）＝资产周转率×销售利润率。

第六章　推销技能养成

想要对顾客有所了解，想要对潜在顾客进行精准识别与把握，想要更好地与顾客交流、沟通，并将产品的品质与服务的价值介绍给顾客，拉近与顾客的距离，消弭彼此之间的隔阂，最后实现"成交"愿望，就要养成高超的推销技能。针对于此，本章主要对六方面内容进行阐述，分别为推销自己、说服技巧、消除顾客异议能力、成交技巧、推销技巧、推销员自信心的培养。

第一节　推销自己

有这样一句话，假如一个业务员想要获得成功，那么就要先"将自己推销出去"，如此便已经实现了一半的成功。这句话其实十分有道理，因为"推销自己"本身就是一种才能，某种程度上讲，它更是一种艺术。

倘若业务员具备了"推销自己"的才能，那么便掌握了安身立命之法，就能不放过任何机遇，最终走向成功。因此，业务员应当将自身作为首要推销对象，建立起强大自信，并将自信品质表现出来。同时，业务员也要认识到，他人在对自己推销的业务予以接受时，很大程度上是接受一种"承诺"。由于相信，所以接受。

一、向自己销售自己

当业务员懂得自己应当怎样销售自己时，就没有人能够比自身更好地进行销售。业务员必须先"向自己销售自己"，才能真正"向他人销售自己"。这里的"自己"既包括业务员自己的服务与产品，也包括业务员的经验、技能、雄心、需求、愿望、想法等。

（一）显示自己就是第一

试想，如果一个人不相信自己能够取得第一的成绩，那么又怎么能让旁人相信呢？从某种意义上说，"相信自己就是第一"，能够起到心理激励的作用，而这实际上也是对自己进行销售。

在这个世界上，有如下三类人。第一类人是"状元"，处于第一位、第一名，我们能够轻松地认出这类人，因为这类人已经将自己销售给自己，获得了成功。他们不会对困难喋喋不休地抱怨，永远充满热忱与激情，面带"第一名"的笑容与自信。这类人恰恰证明了何为"种瓜得瓜、种豆得豆"，称得上"赢家"二字。他们能够用热情为我们"充满电"，而对于我们自身而言，应当将他们作为榜样与效仿对象。

第二类人，则处于第二位、第二名。无论在哪间教室、哪个部门、哪间办公室，都会出现这类人的身影。他们往往满腹牢骚，想要寻找旁人，倚靠在对方的肩膀上，不断诉说自己的苦恼与烦闷。从这个角度来看，他们不仅是失败者，更让人不想靠近，甚至令人想远远逃开。他们不仅自己不愿振作起来，还总想让其他人也陷入颓废与抱怨之中。对于这类人，我们一定要远离，如若不然，我们很可能会变成他们。

第三类人，则对生活彻底远离、放弃，他们将"这又有什么用"作为自己的"座右铭"，最爱说的话就是"我不行，让其他人做吧"。相较于第二类人，第三类人更令人觉得可怜，因为他们放弃了希望与勇气，从来不准备也不敢迈开尝试的步伐。

（二）让自己兴奋起来

销售带来的压力是巨大的，而业务员绝不能消极地、被动地承担这份压力，这样总有一天会濒临崩溃。业务员要始终保持积极心态，主动地应对挑战、勇创佳绩，让自己兴奋起来，每天都认为自己是最棒的、自己能够完成目标。

（三）化不满为称赞

首先，在通往第一名的过程中，不会总是一帆风顺的，我们会遇到很多险阻与坎坷。此时，不应自怨自艾、止步不前，而应当转换心态，将不满与抱怨化为称赞，避免在消极的陷阱中泥足深陷。

其次，当我们成为第一名后，很可能面临来自第二名、第三名的嘲讽与奚落，我们要对这些问题有一个正确认识——他们并不会停止这样做，除非他们将第一名拉下来，变得和他们一样。

业务员一定要相信，在对自己进行销售的过程中，胜利终将到来，只需要始终坚信自己是第一名，并要求自己成为第一名，做的和第一名一样。业务员一定要保持信念，坚信全世界中自己就是最好的产品，没有别人比得上自己，"第一名"必是自己的！

实际上，所有第一次将自己成功地销售给自己的人，都有着本质上相同的销售形式，那就是懂得喜欢自己、学会喜欢自己，并且不再彷徨、等待，立刻行动起来！

二、向顾客推销自己

我们都知道，"第一眼印象"是很重要的，我们在认识一个人的时候，首先认识的就是其外在形象，并借助于此初步了解其具有的内涵。假如推销员的外表很难令顾客信任，那么"向顾客推销自己"这件事就变得难上加难。所以，在初次见到顾客时，推销员一定要注意，让顾客对自己有一个良好印象。

（一）服饰

所谓"人靠衣装"，当推销员和顾客见面时，顾客最先看到的就是推销员的衣着。所以，推销员必须对自己的服饰予以更多重视。实践表明，想要引起顾客购买欲，推销人员首先要穿着整洁。如果一名推销员外表邋遢、脏乱，那么大部分顾客都会感到反感，不愿与对方交流，更遑论接受对方的销售。

对于推销员来说，"服饰"就像一张包装纸，包裹着被销售的商品。假如包装纸粗糙劣质，甚至遍布污垢、油腻，那么即便其中的商品有着再优良的品质，也很可能被人忽视，或者被误解为质量低劣的东西。在日本销售界，有一句话非常流行：推销人员若想跃升第一流，就要注重仪表修饰，让自己衣饰得体、整洁。

具体而言，推销员的穿着打扮要与所处地的环境、风俗习惯以及自己的性别、性格、年龄、身份、爱好相符，避免佩戴大量的、夸张的饰物，避免一味"赶时髦"。这是因为，假如推销员的穿着打扮太过"吸睛"，那么顾客将把更多注意力放在这方面，反而觉得推销员本身"无足轻重"，导致适得其反。

（二）谈吐举止

推销员在与顾客的交流沟通中，要确保自己谈吐得体，有着落落大方的举止。尽管在"谈吐举止"方面，推销员并没有能够应用的统一的模式，然而还是能够在一些细节上实现自我提升的。

例如，在与顾客沟通时，推销员应当避免如下问题：慌慌张张、东张西望；语言粗俗、吐字不清、讲话速度过快；皮笑肉不笑，频频低头看时间；说话不冷不热、有气无力、声音粗哑；不停抖脚、搔头、挖耳朵、咬指甲、吐舌头、耸肩膀；撒谎、吹牛、挖苦、批评；死磨硬缠、死皮赖脸、勾肩搭背、过于随便；沉默寡言或者油腔滑调；等等。

（三）礼节

在推销业务中，推销员的礼节可谓至关重要。如果推销员不懂礼节、不在意礼数，很可能在无意识间对交谈结果产生破坏。推销员要意识到，顾客都是有智慧的，他们在购买时，往往会选择那些礼节端正、值得信赖的推销人员。

谦虚、友好、热情、诚恳是讲求礼节的基本原则，推销员在处理事情时，只要坚持遵循这些基本点，往往能获得理想成效。

第二节 说服技巧

一、说服的目的与方式

推销的过程，从本质来看，就是推销员对顾客进行说服，让他们最终决定购买商品的过程。在说服顾客的过程中，推销员要对如下三方面进行把握。

首先，将商品信息传递给顾客，让顾客充分、准确地了解买卖双方交易条件以及商品情况，从而更好地做出购买决策。

其次，对顾客的兴趣进行激发，让顾客能够喜欢上自己销售的商品。

最后，对顾客的购买欲望进行刺激，引导顾客对商品进行购买。

推销员要明白，人们常说"谈生意"，就是通过"谈"，才能做成生意。所以，如果交易未能达成，归根结底还是推销员和顾客之间未"说透"话，也就是老话说的"买卖不成话不到"。不过，推销员单纯依靠自己"舌灿莲花"还是不够的，这是因为，在信息传递时，言语并非唯一手段，也并非最行之有效的手段，很多非言语手段（如样品、图片、文字等），都能对大量信息进行传递，顾客也更容易接受。在销售实践中，我们经常看到这样的情况，销售员讲得津津有味、言之凿凿，但顾客却"左耳朵进、右耳朵出"，但当销售员将样品实物拿出来，顾客便更有兴趣，能够理解销售员的描述、形容。

除此之外，在销售过程中，还有大量"只可意会，不可言传"的信息，推销员在向顾客传递这些难以通过言语表达的信息时，应当依托推销工具、示范等非言语手段进行，让顾客感到信服、愿意购买。

二、言语说服的技巧

（一）商品介绍要清楚、准确

推销员在对商品进行介绍时，首先要保证自己的介绍清楚、明白，避免含混不清等问题，让顾客直截了当、轻轻松松地理解。推销员在介绍时，要选择顾客能够听懂的语言进行阐述。试想，如果推销员对一个不懂行的顾客大谈技术细节，讲来讲去全是技术名词，过于专业，即便再口若悬河、滔滔不绝，顾客也仍旧难以理解、云里雾里，无法在心中留下商品的清晰印象，甚至会因为枯燥、听不懂而丧失对商品的兴趣。

推销员尤要注意的是，要精准地介绍商品，打消顾客存在的疑虑、顾虑，避免说话模棱两可。如在对顾客的问题进行解答时，不要用"可能""也许""大概""不太清楚"等词语，防止让顾客心生疑窦，产生不信任之情。

（二）说服要把握针对性，因人而异

即便是对同一件商品进行销售，推销员也不能采用固定的推销办法，因为面对的顾客有着不同性格与不同需求。推销员要能够有针对性地分析顾客的心理需求与性格，做到"因人而异""对症下药"，从而更高效地激发顾客的购买欲望、更精准地完成交易。

（三）让顾客参与

推销并非推销员一个人的事，"买卖"一词，说到底就是既有买方，也有卖方，所以推销员一定要注意，避免出现自己滔滔不绝，而顾客却插不上话，只能尴尬聆听的情况。实践表明，假如单靠推销员一个人不断介绍，顾客却扮演"聆听"角色，那么当推销员讲完后，顾客只会觉得脑海中印象模糊，记不清刚才听到了什么；而当推销员邀请顾客一起参与谈话后，顾客就会不断思考、主动了解，最终在脑海中留下更多关于商品信息的印象。

（四）晓之以理、动之以情，刺激需求

所谓"晓之以理"，就是推销员要帮顾客算清楚"细账"，将购买、使用某种产品所获得的收益明确告知顾客，让顾客一目了然，明白购买该产品是有用的、合理的，能够充分发挥该产品的价值。

所谓"动之以情"，就是推销员要尽可能对推销气氛进行渲染，唤起顾客的热情，让他们心中升起购买欲望。研究表明，消费者的购买习惯往往会遵循一个公式——90:10，就是说感情的分量在人头脑中占90%，而理智的分量则为10%。实践中，很多人购买某样商品，并非经过充分思考与分析，而

是源于"我想要""我喜欢"的这种感情冲动。所以,推销员要做的就是让顾客面对商品感到"动心",这一点是非常关键、重要的。

三、示范

(一)示范的作用

推销员现场对商品进行展示、演示等,就是"示范"。通过示范,推销员能够向顾客表现商品的优点、特色、性能,让顾客更加直观地了解商品。

"示范"主要有如下功能:对商品进行形象的介绍。如前所述,有些情况下,单靠推销员口头进行讲解,很难将商品介绍清楚,特别是那些有着复杂技术的商品,往往用言语介绍很久,消费者还是难以理解,而"示范"就能弥补这一不足,让顾客能够从不同感觉(如触觉、听觉、味觉、嗅觉、视觉等)对商品进行了解。所谓"耳听为虚,眼见为实",说得再多,不如顾客直接接触商品,明白商品具有的优点与价值。

推销员应当擅长"示范",对顾客的感觉进行刺激,从而使顾客受到商品的吸引力。推销员应当思考如下问题:商品可以发出声音吗?发出的声音足够优美吗?若答案为是,就要对顾客的听觉器官进行利用。商品外观漂亮夺目吗?能让顾客啧啧称奇、大饱眼福吗?若答案为是,最好让顾客直观感受、先睹为快。顾客能够对商品进行触摸吗?能够通过触摸判断商品品质吗?若答案为是,就要让顾客触摸商品,感受商品良好的质地,切实明白商品的价值。商品气味芬芳吗?味道诱人吗?若答案为是,可以让顾客亲自闻一闻,甚至品尝一番。

(二)示范的方法

示范有着多种多样的方法,在此进行简要介绍。

(1)对比。推销员可以将自己销售的产品比较于老产品,或者同类竞争产品。只要能说明自己销售产品具有先进功能、优良性能的特点、优点的,都可以用于与同类产品对比。

(2)体验。"体验"这种方法,包括但不限于让顾客试听、试戴、试穿、试用等。

（3）表演。推销员可以让商品处于使用、运动状态，向顾客进行表现。

（4）展示。在顾客面前直观地展示商品的功能、原材料、结构等。

（5）写画。如果一些商品无法携带，推销员也可以采用"写画"方式将其形象、功效展现给顾客。举例而言，当对顾客描述商品外形时，推销员可以用笔在纸上画出商品的轮廓等，增强形象性。

（6）参观。在松下幸之助看来，推销产品最好也是最快的方法，就是让顾客对工厂进行参观。推销员可以带顾客来到生产现场进行参观，从而在其心中留下更深刻的产品印象。

（三）示范的注意事项

在向顾客进行示范时，推销员要注意如下事项。

（1）对示范目的进行明确。所谓示范，实际上就是推销员将一种证据提供给顾客，以证明自己的推销真实、承诺有效。在开始示范之前，推销员一定要明确，自己的示范行为要对何种事实进行证明，要达到何种目的、效果。

（2）无论顾客对商品熟悉与否，推销员都应当对其进行示范，且示范行为开始得越早越有效果。

（3）推销员既要将商品的外观介绍给顾客，又要将商品的使用情况展示给顾客，让顾客对商品有全面了解。

（4）推销员可以邀请顾客亲自参与，共同实践。

（5）示范过程中，推销员要注意对重点进行突出。不能示范太长时间，或者让示范变得非常烦琐，一定要将商品主要特征抓住，短时间内集中示范给顾客。

四、推销工具

（一）推销工具的作用

在日本，丰田汽车公司始终坚持这样一个原则，且不容动摇，那便是"一个优秀的推销员不只靠产品说话，而且要善于利用各种推销工具"。

举例而言，湖南某酒厂想要在美国市场上出售自己生产的"伏特加"。在正式销售之前，酒厂对第一批生产的酒进行编号，继而在圣诞节到来之前，备好了非常精致漂亮的贺卡，向上百位美国最著名的大企业家寄送，并在贺卡上写道"我厂生产一批喜酒，准备将编号第××号至第××号留给您，如果您要，请回信"。圣诞节前能够收到来自大洋彼岸的贺卡，企业家们纷纷感到欣喜，故而回复酒厂表示愿意。之后，手持上百位大企业家的回信，推销员再向批发商推销酒厂的酒，自然收获成功。

通过上述事例，不难看出，推销员能够高效利用推销工具，对说服效果的增强可谓大有裨益，能够为成功推销注入强大动力。

（二）推销工具的类型

下列几类推销工具都是较为常见的。

1. 产品模型

部分商品（如大型产品）难以被随身携带，部分商品复杂精密（如微型电机），推销员难以将其内部结构特征展示给顾客。在这些情况下，推销员就难以向顾客介绍商品本身，难以发挥商品魅力对顾客进行吸引。此时，推销员可以利用商品模型代替商品实物，向顾客进行展示与介绍，达到实物介绍同等的效果。

2. 样品

样品这种销售工具是最为常用的。

3. 图片

在美国，罗克公司的推销员在向顾客介绍大功率、多功能车床时，选择印有大量彩照的册子，这让顾客很感兴趣，吸引了他们的注意力。此后半年内，该车床订货量足足增长了330%。

推销员对有着精美的印刷、精心制作而成的图片进行使用，能够将商品的特点更强烈地凸显而出，实现感染力和说服力的提升，并通过视觉令顾客强化对商品的印象，激发其购买欲望。

4. 推销证明材料

推销员应当对各种有力的证明材料、推销文件进行准备，在需要时出示给顾客，赢得顾客信任。

推销证明材料并非单一的，而是丰富多样的，如鉴定书、统计资料、专营证书、市场调查报告、生产许可证、顾客来信、权威机构的评价、专家内行证词等。推销员如果有一封写得很好的顾客来信，在推销过程中就能发挥极大的作用，因为这代表着商品赢得了口碑。

5. 录音、录像资料

对影视、音像资料进行使用（如幻灯、录像、录音等），这能够更好地对顾客的各种感觉进行调动，特别是调动他们的听觉、视觉。

通过这些辅助手段，推销员既能将产品形象塑造得更可信、更真实、更生动，还能将更具吸引力的商品信息传递给顾客，同时对顾客的感情进行充分利用，实现推销气氛的活跃，让原本平淡甚至枯燥乏味的推销介绍变得妙趣横生，具有更强的吸引力和感染力。

推销员能够运用的推销工具还有很多，如报纸杂志关于本企业的报道、商品价目表、买主名单一览表、各企业同类产品比较表等。

推销员要注意，在推销不同商品时，要对不同推销工具进行运用。具体而言，推销员要从自己推销的环境条件与特点出发，对各种推销工具进行准备与运用。可以想见，如果推销员在皮包中装满推销工具，那么必然能将令人满意的介绍、解答提供给顾客，从而赢得顾客的信赖，使之放心购买。

第三节 消除顾客异议

一、推销是从被顾客拒绝开始的

在销售实践中，每一名推销员都有被顾客拒绝的经历，或者可以说，推销员面对的最多的，就是表示拒绝的顾客。顾客会从多方面表示拒绝，如"商品很好，但我没钱""价格太昂贵了""我们已经找到供应商""这件商品对我没用"等。统计表明，在美国，百科全书推销员每一笔成功的交易之后，就是高达179次的拒绝。在顾客提出拒绝、异议后，推销员不能灰心丧气，也不能就此放弃，而应当恰当处理、正确对待。

推销员应当正确理解顾客提出的异议，实际上，异议往往具有两面性，既是交易达成的阻碍，也释放出一种成交信号。在中国，经商的人往往听过这样一句话——喝彩的都是闲人，褒贬的才是买主。这表明，顾客提出的异议，其实也透露出他们对商品具有兴趣，有一种想要达成交易的愿望。如果推销员能够圆满地回复顾客的异议，很可能会说服顾客，使之心甘情愿地购买商品。除此之外，推销员还能通过顾客异议，对其心理进行把握与了解，最起码能够知道顾客拒绝购买的原因，继而能够对症下药、按病施方。

推销员必须认识到，在商品销售过程中，异议并不可怕，没有异议才是最可怕的。如果顾客不提任何意见，才最令人担心，因为这样推销员就很难对其内心世界进行了解。

美国的一项研究表明，在上门推销过程中，那些几乎完全不拒绝的、好说话的、语气和善的顾客，只有 15%的成功率。而日本的一位推销专家也表明，从事推销工作的人，就是在与拒绝打交道，推销成功的人，必然是能够对拒绝加以战胜之人。

二、处理顾客异议的原则

（一）事前做好准备

1. 基本原则

推销员要牢记，每一次销售的成功，都需要充足的准备支撑，坚决"不打无准备之仗"。在对顾客异议进行处理时，推销员一定要事先做好准备。具体而言，推销员可以事先预想顾客会就哪些方面提出异议，或者由于哪些因素做出拒绝决定，继而有针对性地思考应当如何回答。如此，再遇到顾客的拒绝或者异议时，便能真正做到心中有数、不慌不忙、妥善应对。而如果推销员什么准备都没有做，那么顾客的异议就会显得非常突然，很可能导致自身不知所措，难以将圆满的回答提供给顾客，自然很难说服顾客完成购买。

2. 编制标准应答语

对标准应答语进行编制，是处理顾客异议的一种很好的解决方法。具体而言，标准应答语的编制有着如下程序。

第一，记录每天遇到的顾客异议。

第二，对记录的顾客异议分类、统计，按出现次数进行排序，将有着最高出现频率的异议排在最前。

第三，通过集体讨论，将合适、恰当的标准应答语编制出来，同时整理成文章形式。

第四，熟练掌握编制的标准应答语。

第五，让老推销员假装顾客前来购买商品并提出异议，在这样的场景下，每个人轮流对标准应答语进行练习。

第六，讨论练习过程中出现的问题和不足之处，对编制的标准应答语进行提升与修改。

第七，再次练习修改过后的标准应答语，直至定稿备用。可以将其印刷成小册子，人手一本，让每个人都能随时翻阅、查看，直到能够熟练、自如地掌握与运用，做到"脱口而出"。

（二）选择恰当的时机

美国通过对几千名推销人员的研究，发现好的推销员所遇到的顾客严重反对的机会只是差的推销员的十分之一。这是因为，优秀的推销员，对顾客提出的异议不仅能给予一个比较圆满的答复，而且能选择恰当的时机进行答复。懂得在何时回答顾客异议的推销员会取得更大的成绩。推销员对顾客异议答复的时机选择包括四种情况。

1. 在顾客异议尚未提出时解答

消除顾客异议，不能只在顾客提出异议后进行，而应当"防患于未然"，这也是对顾客异议进行消除的绝佳办法。推销员必须心思细腻、感觉敏锐，对顾客可能提出的异议进行事先觉察，应想顾客之所想、急顾客之所急，主动为顾客解答疑问，如此便能争取到主动权，做到"先发制人"。因为当推销员对顾客异议进行解释时，难免会反驳、纠正其看法或者意见，有可能引起一些不快发生，而先行一步进行解释，则能对这一问题有效避免。

销售实践中，推销员是能够对顾客异议进行实现揣摩，抢先一步进行处理的。这是因为顾客异议的发生并非全是突然的，实则有一定规律可循。例如，当推销员向顾客介绍产品的优势之处时，顾客很可能反过来去想产品有什么缺陷或不足；又如，可能部分情况下顾客没有明确提出异议，然而异议可能流露于其谈话的声调、用词以及动作、表情上，当推销员捕捉到这种变化之后，就能在顾客未发问前予以解答。

2. 异议提出后立即回答

推销员要注意，顾客提出的异议中，除了那些无法马上回答的之外，绝大部分都需要立刻给予回复。及时回复有助于顾客消除顾虑，激发他们的购买欲，同时，这也代表着对顾客的尊重。

3. 过一段时间再回答

面对部分异议，推销员最好不要立刻回答，不妨采取"暂时保持沉默"的方式。

首先，顾客提出的异议关涉的专业知识较为深奥，超出了推销员的能力水平和解答范围，推销员难以立刻为顾客提供准确、清楚的解释。

其次，顾客提出的异议"无理取闹"，或是明显站不住脚，无须解释就能看得明白。

最后，顾客提出的异议令人费解，含糊其词、模棱两可。

对上述顾客提出的异议匆忙、仓促地进行解答，显然不是明智之举。经验告诉我们，从容地将一道题回答正确，胜过仓促回答十道题，却全都答错了。

4. 不回答

也有很多无须回答的顾客异议。举例而言，明知故问的发难、根本无法解答的怪论奇谈、一些无回答意义的废话、容易引发争论甚至争执的话题以及顾客提出的正确的、不能辩驳的异议，这些推销员都不必回答。

当然，在不予回答的时候，推销员也要注意相应技巧。例如，用幽默化解沉默的尴尬，插科打诨一番，最后将异议不了了之；假装没有听见顾客提出的异议，继续依照自己的想法、思路阐述；所答非所问，将顾客的话题悄无声息地转移；等等。

（三）争辩是推销的第一大忌

推销员一定要注意，无论顾客提出怎样的批评，永远不要试图与之进行争辩。原因在于，如果推销员想要说服顾客，那么"争辩"并非很好的办法，和顾客争辩，推销员永远不会成功，会总是失败的一方。在推销行业流行着这样一句话：争论过程中占了越多便宜，销售过程就会吃越多的亏。

（四）推销员要给顾客留"面子"

面对顾客的意见，推销员要予以尊重。不管顾客提出的意见是幼稚的还是深刻的、是没有价值的还是直击问题的、是错误的还是正确的，推销员都不能对之忽视甚至不屑一顾，如绷紧脸、不耐烦、东张西望、轻蔑、走神等。从始至终，推销员都要用目光正视顾客，脸上带着一抹笑意，给人一种全神贯注、认真聆听的感觉。

除此之外，推销员也要注意自己与顾客沟通交流时的语气，避免生硬直白地告诉顾客"你不懂""你错了"，也不能过分表现出比顾客知道更多的样子，如"你听不明白我的意思，我是说……""我比你了解，你听我解释……"，这些说法显然将推销员的位置抬高，而对顾客进行贬低，很容易导致顾客的自尊心受损。

三、消除顾客异议的步骤

面对顾客的异议，如果想要轻松地、行之有效地消除，推销员应当遵循一定的程序，具体如下所述。

（一）认真听取顾客的异议

明白顾客到底提出了什么样的异议，是对该异议进行解答的基础和前提。倘若连顾客的意思都搞不明白，那么就很难对其异议给出解答；纵使给出解答，也无法令顾客满意。所以，推销员必须注意如下几点：

其一，对顾客的述说认真聆听。

其二，避免将顾客谈话打断，要让顾客说完。

其三，听的时候不能心不在焉，必须带着浓厚兴趣。

其四，避免发生如下情况——不等顾客说完，就急匆匆地打断，忙着为自己辩解；想尽一切办法证明自己是对的、顾客是错的，这样做很可能让顾客感到愤怒，导致最后变成争论甚至争吵。

（二）回答顾客问题之前应有短暂停顿

推销员应当注意，不要在顾客提出问题之后立刻进行回答，而应当留出短暂的停顿时间，这样能够让顾客感受到，自己是经过一番思考之后做出的回应，并不是不过脑、不过心的胡乱解答。所以，多加一点停顿时间，能让顾客觉得解答是负责任的，顾客因此也更愿意认真听取推销员的意见，并更容易接受。

（三）要对顾客表现出同情心

"同情心"并不代表者推销员要"同情"顾客，实际上，这里的"同情心"指的是推销员要对顾客怀有的心情充分理解，能够懂得顾客持有的观点。当然，这并不代表着推销员要对顾客的观点全然赞同，而仅仅是让推销员对顾客"感同身受"，能够知晓其采取何种方法思考问题，以及知晓其对产品有何看法与感觉。

当顾客对产品提出异议时，一般来说，都会掺杂自己主观感情。因此，推销员要让顾客明白，自己对他的心情非常了解。例如，推销员可以诚恳地告诉顾客"我知道您为什么要这样讲""您提出这个问题很有价值""没错，很多人都和您看法一样""我懂得您说的意思"。

（四）复述顾客提出的问题

推销员可以用自己的语言，向顾客重新复述其提出的问题，从而让顾客了解到，自己确实明白了他想表达的意思。

四、消除顾客异议的方法

（一）"对，但是"处理法

当顾客提出不同观点、意见时，假如推销员直截了当地加以反驳，很可能导致顾客心生不悦，继而为自己的推销增加难度。

面对这种情况，推销员不妨先赞同顾客提出的观点、意见，认为是合理的，再话锋一转，婉转地表明与顾客不同的观点与意见。这其实是对顾客意见的一种间接否定，相较于直接的"正面回击"，这种做法更委婉，也更容易令人接受。

举例而言，当一名家具推销员将各种木制家具推销给顾客时，顾客摇头道"你们的家具太容易变形、扭曲了"。此时推销员不应直接说"根本不是这样"，而应当先赞同、后解释"您说得有道理，木制家具相较于钢铁制品，确实有容易变形、扭曲的问题，不过，我们在制作时已经考虑到这点，特殊处理了模板材料，尽管可能也会有一些轻微的扭曲变形，不过是难以用肉眼看到的，只能用精密仪器方能测出来"。

（二）同意和补偿处理法

假如顾客提出的异议是客观的、正确的、很有道理的，那么推销员就不应再采用否认方法。推销员应当承认顾客的异议，表明产品确实存在一定的不足，继而对产品所具有的优点进行阐述，以弥补其缺点。

这种方法在实践中往往能够取得较为理想的效果，因为推销员并没有否定顾客的正确异议（无论是直接还是间接），而是诚恳地认同顾客的意见，反而能够让顾客感受到推销员的诚实、不作假，实现信任感的提升。除此之外，由于推销员对商品的优点进行强调，也会让顾客感受到心理上的平衡，毕竟每个人都知道，完美的事物是不存在的，只要商品的优点足够突出，能够满足顾客需求，让顾客感受到购买是非常划算的，那么这笔业务就很可能获得成功。

（三）反驳处理法

与"但是处理法"对应的便是反驳处理法，即推销员直接否定顾客提出的异议。其也被称为"直接否定法"，即推销员从事实出发，立足明确、恰当的理由，对顾客的异议直接否定，具有直接驳斥、针锋相对的特点。

推销员要注意，不要在陈述事实、表达自己意见时使用这种方法，最好将这种方法用于回答以问句形式提出的异议或不明真相的揣测陈述，例如，顾客可能非常着急地询问："在阳光下，这种颜色是不是就褪色了？"此时推销员就可以斩钉截铁地反驳："绝无可能，这种颜色不会在阳光下褪色，这一点是有实验支撑的，我们也可以为其品质进行担保。"

"反驳处理法"固然有其优势所在，不过也有着较大的局限性，如前所述，"毫无顾忌、直言不讳"就是其最大弱点，推销员很可能因为自己的直言而对顾客造成伤害，或者由于言语不当让顾客陷入尴尬之中，严重的可能让顾客深感愤怒。因此，推销员在对这种方法进行使用时，要坚持讲道理、摆事实，保证自身态度友好、语气委婉，绝不能音调刺耳、强词夺理。尽管是对否定意见进行直接表达，推销员的态度一定要殷切、真诚，不要让顾客感觉自己在"攻击"，而要让顾客感受到自己解释的诚意。当然，推销员更不能横眉竖眼，像要发脾气一般，那只会毁掉自己的推销工作。

（四）转化处理法

所谓"转化处理法"，指的是对顾客异议本身进行利用，发掘出有利于业务的一面，对异议进行处理，让顾客拒绝购买的理由转变为能够说服顾客购买的理由，这种方法也被称为"自食其果法"或"利用处理法"。

举例而言，一名推销员想将一种高级面霜推销给一位中年女士，然而却遭到了这样的拒绝："我不是小姑娘了，没必要花钱买这样高级的护肤品，我只要能护理好皮肤就行，不用那么爱美。"此时，推销员就可以采用转化处理法，亲切地回答："女士，这款面霜主打的功效就是对皮肤进行保护，年轻人新陈代谢旺盛，皮肤不用护理也能柔嫩，但稍有些年纪的人容易长皱纹，皮肤状态更需要呵护，用高级一点的面霜是应当的。"

在实践中，"转化处理法"是十分行之有效的，其能够让顾客的异议转化为说服顾客的理由，让推销员从"守"的被动状态转化为"攻"的主动状态，进而在愉快气氛中与顾客交流沟通。除此之外，对顾客自己的话进行引证，说服力会更强，交易就在你来我往的顺水推舟中完满实现。

推销员在对转化处理法进行运用时，一定要谨慎，尽可能选择风趣诙谐的语言，要有诚恳的态度，避免顾客误以为自己是在钻空子、抓话柄，而感到自尊心受损。

（五）反问处理法

所谓"反问处理法"，又被称为"质问处理法"或询问处理法，指的是面对顾客异议，推销员采用的答复方式为质问或者反问顾客。

在回答顾客提出的异议时，假如推销员通过陈述句形式，向顾客讲道理、摆事实，很可能引发新的异议。而推销员在回答顾客异议时采用反问方式，既不会导致新异议的产生，也能引导顾客对推销员自身提出的问题进行回答。例如，推销员在向顾客推销吸尘器时，顾客可能会说"这个吸尘器太重了"。此时推销员就可以反问顾客："请问，您为什么认为它太重呢？"如此，顾客就不得不给出理由，而推销员也可借此机会对吸尘器进行实际展示，从而表明机器并不沉重。

反问处理法的优势之处在于，在对该方法进行使用时，推销员必须认真聆听顾客说话，对顾客的真实需要进行把控与了解，继而利用反问脱离困境，让顾客不得不放弃借口。

不过反问处理法也有其自身缺陷，假如推销员未能恰当地对此法进行使用，很容易招致顾客的抵触与反感。所以，在对反问处理法进行运用时，推销员应当确保自己的口吻不是强势质疑，而是征求意见与商量。

除了上述几种方法外，还有很多办法能够处理顾客异议。推销员要在业务洽谈实践中不断对经验进行总结，扬长避短，搭配使用各种方法，探索新的处理方法，力争妥善处理顾客异议、顺利达成成交目的。

第四节　成交技巧

一、成交：推销的目标

（一）成交的含义

"成功达成交易"是推销的最终目的，而对于推销员来说，"成交"也是其工作的根本目标。假如无法完成交易，那么整个推销活动都是失败的。

具体而言，"成交"就是推销员对顾客进行诱导并与之达成交易、顾客完成产品购买的行为过程。成交有如下两种方式，分别为现货现款交易和签订供销合同。

（二）成交要求

1. 学会接受拒绝

部分推销员不敢主动将成交要求向顾客提出，主要是因为害怕提出要求后遭到顾客拒绝，导致原本愉快的洽谈气氛变得尴尬、僵化。部分新推销员也不好意思向顾客提出成交要求。

据调查，有70%的推销员未能适时地提出成交要求。许多推销员失败的原因仅仅在于他们没有开口请求顾客订货。美国施乐公司前董事长波德·麦克考芬说，推销员失败的主要原因是不要订单。不提出成交要求，就像你瞄准了目标却没有扣动扳机一样，这是错误的。没有要求就没有成交，顾客的拒绝也是正常的事。美国的研究表明，推销员每达成一次交易，至少要受到顾客6次拒绝。推销员学会接受拒绝，才能最终与顾客达成交易。

2. 主动提出成交要求

很多推销员都认为，顾客会主动提出成交要求，所以便不再主动，而是被动地等顾客开口。实际上，这种观点是一种错觉。举个例子，有一名推销员到一家公司进行推销，前前后后跑了很多次。某次，这家公司采购部经理终于给了推销员一份早已签好字的合同，推销员有些惊讶，询问经理为什么经过这么久才同意购买，经理却告诉他"因为今天你才向我们提出订货要求"。

通过这个故事，不难看出，其实大部分顾客都在等待推销员先开口提出成交要求。就算顾客先开口，主动要求购买，假如推销员没有主动将成交要求提出，也很难完成交易。

3. 做出反复的成交努力

部分推销员遭受一次顾客拒绝后，就垂头丧气，认为整个推销活动已然失败，不再继续努力。然而，实践表明，一次成交失效，不代表整个成交工作失败。所以，推销员在遭遇顾客拒绝后，仍应再接再厉，凭借反复的努力，最终达成交易。

二、成交策略

（一）密切注意成交信号

所谓"成交信号"，就是顾客通过表情、行动、语言等流露出的购买意图。一般来说，当顾客心中升起购买欲望后，不会直接表示"我想要这个"，而是会通过不经意的表情与动作流露出自己心声。

总的来说，顾客有着如下购买信号：

（1）语言信号：顾客对如下内容进行询问，如市场评价、使用方法、竞争对手的交货条件与产品、售后服务、新旧产品比价、交货期、价格、交货手续、使用注意事项、保养方法、支付方式等。

（2）动作信号：顾客用手对订单进行触碰、频频点头、向推销员方向前倾、仔细阅读说明书、对样品进行认真端详等。

（3）表情信号：顾客眼神变得认真、张开或上扬紧锁的双眉、自然微笑、深思熟虑、表情更开朗、态度更友好、神色更活跃等。

（二）把握成交机会

（1）当顾客生出购买欲望，表现出购买意图时，就意味着良好的成交机会已经到来。而对于成交时机来说，"成交信号"就是其表现方式。当推销员察觉到顾客产生购买意图后，就要及时行动，对顾客迅速诱导，使之做出购买决定，一鼓作气达成交易。

（2）在推销过程中，或许没有所谓的"最佳成交机会"，却有着"适当的成交机会"，也就是顾客对产品感兴趣的这一刻。一旦推销员察觉顾客释放出的成交信号，可以随时向顾客提出成交要求，继而水到渠成地达成交易。

（3）推销员要能够对最后的机会进行把握。当顾客拒绝了推销员的推销后，并不意味着推销活动的彻底失败，推销员可以把握住最后的机会——和顾客告辞的机会，对一定的技巧进行采用，激起顾客的好奇心与购买欲，将新的成交机会创造出来。

如一位推销员到一家日化厂推销塑料垫片，眼看厂长就要下逐客令了，他有意将自己发明的国际时差钟露出来。这只用各国国旗替代常见的时针分针的挂钟，立即吸引住了厂长，尤其是当厂长得知这只钟多次获奖，已申请了中国、美国专利时，顿时对他热情起来，最后这位推销员终于叩开了成功的大门。

（三）运用适当的成交方法

1. 直接请求成交法

推销员对明了、简单的语言进行运用，向顾客直截了当地提出成交要求。例如，"李先生，这个机会可不能错过，要是您觉得没问题，请在这里签字吧"。

2. 选择成交法

推销员可以提前准备一些购买方案，并将其提供给顾客，方便顾客进行选择。例如，"女士，您看您更喜欢 A 款式还是 B 款式呢？"

选择成交法有其自身特点，即并非向顾客直接询问那些容易招致拒绝的问题，推销员向顾客抛出的是"选择题"，让顾客在买这还是买那、买少还是买多之间进行选择。自然，无论顾客做出的选择为何，都能促使交易成功。

3. 假设成交法

推销员可以提前假定顾客决定对商品进行购买，继而对一定的技巧进行运用，对顾客加以诱导，使之做出同意决定。例如，"主任您好，我现在打电话让工厂立刻给您公司送货，您看可以吗？"此时，假如顾客点头同意，那么就代表着"成交"——无论顾客有没有明确表达自己的订货需求。

三、启发式销售

（一）启发式销售途径

启发式销售，指的是推销员对顾客进行提醒，使其不仅购买自己想要购买的商品，也决定购买与之相关的商品。启发式销售旨在让顾客对更多的商品进行购买，实现交易额的增加。

具体而言，启发式销售有着如下途径。

1. 量大优惠

推销员告诉顾客，假如多买一些商品，达到一定数量或金额，就能享受一定优惠，如享受新的服务项目或者价格折扣等。

2. 建议购买相关产品

很多产品都并非孤立存在，彼此间有着千丝万缕的关联。当顾客对一种产品进行购买后，如果想要使该产品的价值得到充分发挥，很可能还需要对其他商品进行购买。推销员要做的，就是将这些有关联的产品一同推销给顾客。例如，在对手机进行推销时，推销员就可以同时将蓝牙耳机等物品推荐给顾客。除此之外，推销员也可以在对整机进行出售时，将配件出售给顾客，方便顾客更好地对产品进行保养，延长产品使用寿命，避免价值受损。

3. 建议购买足够量的产品

有时，顾客也不知道自己应当购买多少产品。这种情况下，推销员可以为顾客提供建议，告诉他们一般购买多少产品较为合适。从另一角度看，这也是推销员为顾客提供帮助。假如顾客买少了产品，不能满足使用需求，很可能耽误事，造成不必要的麻烦与损失。

4. 建议购买新产品

当企业完成了新产品的开发，同时顾客的需要能够更好地被这种新产品所满足，此时，推销员就要把握良机，将新产品推销给顾客。

（二）启发式销售注意事项

在对启发式销售方法进行运用时，推销员一定要注意，时刻从顾客角度出发，将自己当作顾客来思考：如果是自己对这种商品进行购买，还需要再买何种附属品？唯有切实对顾客的要求、需求进行了解，方能运用启发式销售获得成功。

除此之外，推销员还应对如下几点予以重视。

（1）当第一次销售宣告结束后，推销员再将其他商品推销给顾客。如果顾客还在思考到底要不要购买某一商品，推销员就将新的商品再推销给他。

（2）推销员一定要将能够让顾客获益、获利的商品推荐给他们，因此，在第一次向顾客推销、介绍商品时，推销员一定要对顾客的意见仔细聆听，对顾客的心理进行把握，如此能够更精准、更轻松地对顾客所需的商品进行推荐，而非为了实现销售量的增加简单随意地推荐商品。

（3）推销员在对商品进行推荐时，一定要有目标。例如，一位顾客买了一件新衬衣，不要问他："您还需要什么东西？"而应说："最近新进一批领带，您看这一种和您的衬衣相配吗？"这样，或许就能提醒顾客对领带的需要了，也能使顾客确信推销员为他推荐的商品是好商品，在可能的情况下推销员最好做一下示范。

四、留给顾客一个难忘的背影

现实中，推销员常常遇到这种情况：自己花费很多时间和精力，却仍遭到顾客拒绝，未能实现交易。这时，推销员要注意的就是如何与顾客告辞，要尽可能将一个难忘的背影留给顾客。

（一）要正确认识失败

部分推销员遭遇失败后，就灰心丧气、失魂落魄，原本的笑容立刻变成"耷拉脸"，甚至出现无礼的言行。其实，尽管今天未能与顾客成交，不代表未来永远不能与顾客成交。古人早就告诉我们，买卖不成仁义在，虽然这次未能达成交易，但是却也和顾客交流了感情，将一个好的印象留给顾客，某种意义上看，这或者也是一种成功，因为推销员已经将一颗种子播撒在顾客心间，能够为下次交易成功提供助力。所以，在与顾客辞别时，推销员要对自己的言行格外注意。

（二）友好地与顾客告辞

推销员告辞顾客时，要始终面带微笑，保持亲切、和蔼的表情，千万不能横眉竖目，更不能和顾客翻脸。推销员可以真诚地表达对顾客耐心倾听的感谢与对其产生打扰的歉意，如"很抱歉打扰您了，非常感谢您"。

第五节　推销技巧

一、真正的销售始于售后

我们应当意识到，销售并非一个短暂的过程，相反，这一活动过程是连续的，只有起点而无终点。成交并不意味着推销活动宣告终结，实际上，其恰恰代表着下次推销活动已然开始。因此，推销员要在成交之后依旧将服务提供给顾客，从而不断吸引、维持顾客。

推销员必须明确，对于推销而言，"销售"并非首要目标，"将更多顾客创造出来"才是。没有顾客，就没有销售，想要赢得更大的销售业绩，就要有更多的顾客。对于一名推销员而言，拥有大批忠诚的顾客，是其最为宝贵的财富。

想要将更多顾客创造而出，"保留老顾客"是非常重要的途径之一。也就是说，推销员要尽最大努力留住现有的顾客，使之转变为自身忠实顾客。当推销员逐渐有了一批老顾客后，等于为自己的生意打下坚实基础。当然，能否让新顾客转变为老顾客，推销员在达成交易后的行为起到关键的、决定性的作用。推销员不仅要确保交易达成，还要将与顾客的关系建立起来。也就是说，在达成交易之后，推销员不能"不闻不问"，不能直接截断与顾客之间的联系，而是应当为未来的销售留下契机。

部分销售员对"进来，推销；出去，走向一位顾客"这一准则深信不疑，这部分推销员在推销完产品后，就认为推销活动告一段落；在顾客眼中，他们很快便"杳无音讯"，宛如风筝断了线一般"无处可寻"。而当他们需要重新对新产品进行推销时，又开始寻找新顾客，敲开顾客的一扇扇大门。对于这些推销员而言，他们的生意经基本上是"一锤子买卖"。实际上，如果缺乏老顾客这一坚实基础，推销员将产品销售给新顾客，从本质来看，也仅仅是补偿自己丢失的老顾客，未能真正增加总销售量。

一名成功的推销员总能把握推销的关键，那就是达成交易后，继续维持与顾客之间的关系。这类推销员认为，售后才是销售的真正开始，并将这一准则奉为圭臬。在他们眼中，顾客购买之后就是推销的最佳时机，并以此为自身的"生意经"。之所以这类推销员能够获得成功，主要原因就是在交易达成之后，他们仍然对顾客送上关心与服务。如此，不仅能保留住老顾客，还能源源不断地引来新顾客。这是因为，如果顾客非常满意一名推销员的服务，不仅自己会反复光顾，更会向身边亲朋好友推荐，为之带来更多新顾客。

在国外，有着这样一则经典的推销员格言：如果你将顾客遗忘，那么你也将被顾客遗忘。因此，每名推销员都要注意，即便交易已经完成，依旧要对顾客保持关心，充分掌握其对产品的满意度等情况，对他们的意见耐心、虚心听取，主动积极地解决销售过程中以及产品使用过程中存在的问题，避免顾客流失。只要推销员能够和顾客维持密切关系，任何竞争对手都"不足为惧"。

二、保持与顾客的定期联系

推销员必须对顾客定期拜访，同时要明确一点，那就是保持与顾客的接触是获得顾客多次购买的最佳方法。

长期以来，在人们眼中，所谓"推销"精神，就是将适当的商品在适当的时期向适当的人售卖。当然，推销精神的的确确诞生于此。不过，推销员要切记，如果想让自己获得成功，一定要密切联系于顾客，从而保证推销结果符合预期，同时让自己在交易过程中实现能力提升。

在与顾客保持联系的过程中，推销员要保证这种联系具有计划性。例如，在达成交易后，推销员可以及时将一封感谢信送给顾客，一方面感谢他的购买，另一方面也再次与顾客确认发货日期；而当自己将物品发送给顾客后，要记得向顾客确认有无顺利收到货物、货物是否完好、能否正常使用。再如，当顾客生日时，推销员可以给顾客送一张生日贺卡，或者售卖商品的试用装等。又如，推销员可以总结出一份顾客及其购买商品的清单，一旦产品的价格或者用途产生变化，就要及时地将这种变化通知顾客。此外，推销员还可以在产品保修期满之前，提醒顾客来为产品做最后一次检查。当然，推销员在外出推销时，可以优先对购买过产品的老顾客进行拜访。

有的推销员或许心存疑惑，对顾客进行拜访的频率保持在多久一次比较好呢？实际上，这并没有固定答案，因为固定答案是没有意义的。在回答这一问题时，推销员应当从自身与顾客的熟悉程度、问题的特殊性、顾客的重要性以及其他因素出发，对拜访频率进行明确。举例而言，推销员可以对顾客的重要程度进行分类，如从高到低依次分为 A、B、C 三类，每周联系一次 A 类顾客，每月联系一次 B 类顾客，而对于 C 类顾客，保证半年接触一次即可。

推销员有着多种多样的联系顾客的方法，不仅可以亲自到顾客家中拜访，也可以通过寄贺卡、写信、打电话等方式与顾客沟通，这些都十分行之有效。

三、正确处理顾客抱怨

（一）正确处理顾客抱怨的意义

每名推销员都会遇到顾客的抱怨，这是必然的，也是不可避免的，就算自己推销的产品再出色，遇到一些喜欢挑剔的顾客，也会遭受抱怨。推销员要对顾客的抱怨正确处理，不应粗鲁对待，因为这些会抱怨的顾客，某种程度上正是自己永久的买家。

松下幸之助曾说，应当将顾客的意见与批评看作神圣语言，应当乐于接受任何意见与批评。推销员如果能够对顾客的抱怨进行正确处理，那么就能更好地吸引顾客。

具体来说，对顾客的抱怨进行正确处理，有着如下意义：能够实现顾客购买倾向的提升，能够实现顾客满意程度的提升，能够对更为丰厚的利润进行获取。

因此，推销员要意识到，推销工作中，对顾客的不满进行聆听，也是重要环节，能够实现推销员利益的增加。如果推销员错误处理了顾客的抱怨，或者对之不理不睬，很可能会将顾客向外推去，最终造成顾客的流失。

（二）正确处理顾客抱怨的方法

1. 感谢顾客的抱怨

当推销员遭遇顾客投诉后，便有机会了解顾客心中的意见与不满，同时有机会对此进行解决。如此，一方面推销员自身能够挽回一名顾客；另一方面，顾客向推销员抱怨，就很可能不会再向亲朋好友抱怨，防止旁人对推销员服务与产品本身产生更多负面印象。

2. 仔细倾听，找出抱怨所在

推销员要尽最大可能，保证顾客能够畅所欲言，倾诉（甚至发泄）所有不满。如此，既能够让顾客心理变得平衡，又能让推销员自己明白问题出在哪里。假如推销员不断打断顾客，甚至不许他们说话，只顾着为自己辩解，可想而知会更加激怒顾客，宛如火上浇油。

3. 收集资料，找出事实

在对顾客抱怨进行处理时，推销员要坚持如下原则，即保证自身立场客观，对事实真相进行挖掘、确保处理公平。由于顾客情绪激动，其抱怨之事很可能存在夸大问题，因此，推销员要对有关资料进行收集，尽可能明白事实真相为何。

四、向顾客提供服务

推销，从实质来看就是一种服务，良好的销售就是为顾客提供优质的服务。如果推销员愿意主动、积极地为顾客提供帮助，就能与之和睦相处；如果推销员能够为顾客做一些有益的事，营造出的气氛也会更为友好，而对于一切推销工作而言，这种气氛都是其顺利开展的前提与条件。

这里所说的"向顾客提供服务"，其实就是对顾客提供帮助。推销员能够从很多方面为顾客提供帮助，而非只囿于"售后服务"。举例而言，推销员可以将一些技术方面的新发展资料提供给顾客，可以邀请顾客参与活动，等等。尽管这些事情看起来很小，似乎"不值一提"，但对于推销员而言却是大有裨益的，能够帮助他们与顾客之间建立长期关系。

第六节　推销员自信心的培养

一、自信是成功的第一秘诀

对于推销员而言，所谓"自信心"，就是在推销过程中所具有的，始终相信自己能够达成交易、赢得成功的心理状态。想要推销成功，自信是首要秘诀，推销员一定要对"自己能够成功"这一点深信不疑。

推销这一工作，归根结底就是要与人"打交道"。推销员在推销活动中，会遇到形形色色的人，既有经验丰富、博学多才的客户，也有权威显赫、财大气粗的人物。这些人或多或少在某些方面胜过推销员，而推销员在和他们打交道的过程中，想要成功说服他们、赢得对方的欣赏与信任，就要对自己的能力深信不疑，坚信自己能够做到，在敲响顾客的门时，就要信心百倍。假如推销员信心不足，恐惧与这些人打交道，胆怯不已，甚至退缩放弃，那么将很难获得成功。

推销这一工作是能够将利益提供给顾客的，推销员必须始终相信，顾客能够因自己推销的产品获利，相信自己的推销是为顾客提供服务，如此方能顺利说服顾客。倘若推销员对自己推销的产品，甚至对自己的工作都缺乏自信，认为推销就是看顾客脸色，是求人办事，可想而知，其自然无法获得理想成绩。

一名推销员，如果能够相信自己的推销能力、相信自己的企业、相信自己的产品，最重要的是相信自己，那么成功便不再遥远。推销员因这种自信，能够让自己的才能充分发挥而出，对各种困难予以战胜，最终赢得成功。

二、消除自卑意识

（一）消除自卑意识的意义

"自卑感"很容易在推销这一工作中产生。现实中，很多推销员心中都有着自卑意识，在看待事物时，他们的第一反应是"不能"；当遇到困难时，这些推销员往往灰心丧气，认为"办不到""不可能"。这种观念是十分狭隘的，而受其影响，这些推销员总是被拘束在失败的牢笼中。部分推销员即便已经站在顾客门前，却总是伸不出手敲门，害怕进去就会遭遇顾客的拒绝、厌烦，甚至被轰出来。古语有云："差之毫厘，谬以千里。"推销员心理上这种微妙的差异，恰恰决定推销失败与成功的巨大差异。对于推销员而言，在其成功之路上，自卑意识生成了最大的阻碍。受自卑意识驱使，推销员不敢直面挫折与困难，而总想着逃避，难以将自己的能力发挥出来。推销员唯有将自卑意识彻底消除，方能在推销工作中看到成功的希望。

（二）如何克服自卑感

1. 正确认识推销职业的意义

部分推销员天然地具有职业自卑感，因推销工作而生出羞愧之情，严重的还会觉得"无地自容"。美国某机构调查表明，职业自卑感是推销新手失败的最大原因。这些推销员认为，自己的工作仿佛"乞讨"，而非对他人进行帮助。这些推销员之所以会出现职业自卑感，关键在于未对自身工作的社会价值与意义进行正确的、充分的认识。实际上，推销工作并非"乞讨"，而是为社会大众谋取利益。要知道，相较于推销员，顾客在推销活动中才是最大受益者。所以，推销员一定要消除自身职业自卑感，将职业自豪感培养而出。

2. 智力与成绩的关系

在日本，有人调查分析了推销员的成绩与智商之间的关系，结果表明，二者之间关联并不密切。也就是说，有较高智商的推销员，未必有着很好的推销成绩，甚至有着较差的推销成绩。而即便一些推销员有着较低智商，他们也能获得不错的推销成绩。因此，推销员不应因觉得自己的"聪明劲儿"比不上他人而心生自卑。

3. 性格与推销成绩的关系

众所周知，不同的人有着不同的性格，有外向的人，也有内向的人。在部分推销员看来，这份工作要和各类人物沟通、交流，所以要求推销员具有外向性格。也有很多性格内向的人认为，自己这种性格不适合甚至无法踏入推销领域。其实这种观点是错误的。那些成功的推销员并非全是性格外向之人，也有的有着内向性格。例如，乔·坎多尔弗——美国十大推销高手之一，便是性格内向之人，然而他的成功却是有目共睹的。日本一家公司曾经调查了上百名推销员，最终得出一个结论，性格外向、内向与否，并不能决定推销成绩是好是坏，起决定作用的是推销员的推销意愿。总的来说，那些进取精神不足的人，才有着较差的推销成绩。

三、培养自信心

（一）心理暗示

这里所说的心理暗示，实际上就是推销员在推销时，要具有"我一定能成功"的信念。推销员想要获取成功，就一定要打从心底里坚信自己能够做到，这是必备的基础与前提。

推销员能够通过多种方式对自己进行心理暗示。例如，在加拿大，有一位销售员每日上班前，都要照照镜子，并大声道："今天我怎么这么棒呢！以后还会越来越棒！"继而信心满满地开启一天的推销活动。又如，在日本，有一位推销员每次到新城市推销，对顾客进行拜访之前，都会先购买一条高级领带，欣赏自己的形象，并不断鼓劲儿道："至少我有一条最棒的领带。"

（二）重视自己的成功

成功是自信的重要来源。推销员每一天都在外辛苦奔波，有时候辛苦一天，签下的合同却少得可怜，此时，推销员就要对此进行正确对待。假如推销员心态消极，觉得自己签订的合同数量太少，认为这是一种失败，那么就会陷入懊恼、沮丧的情绪之中；而与之相反，假如推销员乐观积极，认为自己今天又获得了几个顾客，达成了一些交易，还是有一些成绩和进步的，就能升起一种自豪的情绪，有信心在明天再接再厉，得到比今天更好的成绩。推销员在看待自己工作的时候，不应保持消极态度，而应积极进取，在自己做的工作中窥见成绩与成功的火种，树立自信心，并将一次成功变为次次成功，让火种形成燎原之势。

第七章　营销技巧养成

营销技巧是销售能力的体现，也是一种工作的技能，做营销是人与人之间沟通的过程，其宗旨是动之以情、晓之以理、诱之以利。本章主要介绍了势能营销、借势营销、事件营销以及差异化营销四个方面的内容。

第一节　势能营销

一、势能营销的定义

营销在长期的实践中，都在追求一种销售状态，也就是使产品由导入期很快进入成长期，并逐步形成稳定的销售增长趋势。但事实上很多企业的产品往往是刚刚投放市场，便很快失去了踪影。这种营销之所以失败，其主要原因是在市场运作初期没有很好地"建势"。

物理学中的势能基本上可以定义为由物体各部分之间的相对位置所确定的能。在市场经济中，任何产品都有价值。当这种产品被市场接受后，就会在交易中产生顾客让渡价值，顾客让渡价值越大，就说明产品越具有吸引力。顾客让渡价值与企业的产品价值有一种高低差，这种高低差可以称作"势"。建势就是开展产品价值到顾客价值的增值活动，使顾客对产品形成并保持高度吸引力的过程。因而，势能营销就可以定义为：企业为使产品向顾客流动过程中形成增值差（即势）而进行的营销活动。

增值差可以分为正向差值和负向差值。正向差值就是顾客的让渡价值为正值；负向差值就是不存在顾客让渡价值，或顾客的让渡价值为零或负值。

势能营销则从研究顾客的心理入手，强调顾客从认知产品、接受产品，直至评价产品这一过程中的增值，以期使产品销售形成稳定的增长态势。

二、开展势能营销的途径

（一）产品价值体现

这是企业成功营销的基础。没有好的产品，营销就变为徒劳的行动。

（二）广告推广传播

主要指根据市场需要，整合公关、广告、新闻宣传、包装、企业 CI 等相关资源，以引起客户对推广产品的注意，其主要目的是提高顾客的感觉价值。

（三）现场氛围营造

主要指营造销售现场氛围、推广活动现场的氛围、体验活动现场的氛围，其主要目的是赢得和增强客户体验价值，如房地产产品销售就是通过卖场气氛营造顾客体验的过程。

（四）员工素质技能培训

营销员工由于与顾客直接接触，往往会影响顾客的感觉价值和体验价值。所以员工的素质、技能技巧，以及心理都是培训的重点项目。

（五）售前、售中、售后服务

注重售前服务，绝不怠慢任何客户，即使销售不成功，也要让客户感觉服务满意；加强售中服务，绝不放走任何客户，并陪伴客户走完整个办理手续过程；关爱售后服务，让每个业主深感爱心永远伴随，因为售后服务直接影响客户的消费体验。记住：满意的客户会引来多个潜在客户购买产品。总之，要搞好售前、售中、售后服务工作，其主要目的是提升客户的让渡价值。

第二节　借势营销

一、借势营销的概念

所谓借势营销，是指在营销活动中隐藏自身销售目的，在消费者喜闻乐见的环境中融入产品推广，从而在这一环境中，让消费者更加了解产品，更易对产品的营销手段予以接受。

总的来说，借势营销就是依靠娱乐轻松的方式、借助消费者自身的传播力、通过媒体争夺消费者眼球等方式，在潜移默化之间实现对市场消费的引导。

换句话说，借势营销就是一种营销策略，利用任势、借势、顺势、造势等方式，实现企业或其产品美誉度、知名度的提升，能够将良好的品牌形象树立起来，最终对服务或产品销售加以促成。

二、借势营销的方法

（一）借"关联"之势促销

这里所说的"关联"，指的是相关联的产品。举例而言，一家小超市老板，在批发市场购买了一批酒瓶起子。虽然酒瓶起子有着较高的利润，但其实这位老板并不想进货，因为这种商品很难大量卖出去。不过，由于总是零星有人来店里购买酒瓶起子，为更好地服务顾客，只得在店里放置一批。起初，老板在某个货架单独放置这批酒瓶起子，如果有顾客来问，就告诉他们在哪里，结果一个月也没售出几个。之后，有人给老板提了建议，让他试着在酒类商品旁边摆放酒瓶起子，老板依言照做，并惊讶地发现，接下来的一个月，酒瓶起子有着明显上涨的销售量。同时，老板也感到奇怪，为什么有人会一口气买很多酒瓶起子？当他留心观察之后，终于找到了答案，原来酒瓶起子有着丰富又漂亮的样式，很多人买回家当装饰品使用。

从这个故事中，我们不难发现，产品不仅具有核心价值，也拥有一定的延伸价值，不过，这些价值实现的前提是被消费者察觉。因此，当我们对商品进行陈列时，一定要考虑上述问题，善于借势营销，就像酒瓶起子"借酒之势"一样。

那么，如果两个商品不相关联，就完全没办法借势营销了吗？答案是否定的，因为我们可以通过特定事件、特定时间，实现它们之间的关联。例如，平时我们往往将鲜花、巧克力放在完全不同的货架区域，但是到了情人节那天，就完全可以将二者摆放一起，这样一来消费者购买鲜花，很可能顺带买些巧克力，从而轻松实现销售额提升。

（二）借旺销产品推广

一件新品初入市场的时候，可能难以一下子变得"热销"。这时，我们就可以考虑借助时下热销产品，对新品进行推广。事实证明，新产品以"旺销产品旁边"为最佳推广位置。研究表明，在卖场中，当消费者随意闲逛时，每分钟都会路过上百个产品，而他们投以关注的产品，则会在这一分钟内占据 5 秒时间，这也就是人们常说的"卖场 5 秒钟广告"。某种意义上看，在卖场中商家之间的一切竞争，实际上就是对消费者 5 秒钟的关注进行争取。然而，消费者在一分钟内，经过的商品太多太多，该如何在上百个产品中让新产品脱颖而出，吸引消费者注意呢？这时就要借助旺销产品的力量。

一般来说，商家会在有着较高人流量的位置摆放旺销产品，而消费者也常常长时间驻足在摆放旺销产品的货架前。所以，在旺销产品身边放置的商品，也能借势获得更多被注意的机会，大大增加被购买的机会。

实践中，有一些企业将那些销售量不佳的商品摆放在畅销商品旁边，其实就是在对自己的畅销品借势，实现其他商品销售额的上涨。

（三）借对比优势彰显

1. 借价格优势

假如自己的产品与竞争者的产品属于相同类别，而且两种产品无论在品牌力、款式、质能、包装等方面，都难分伯仲，不过，相较于竞争品牌，自己的产品有着较低的价格。如此，假如在售卖时，让自己的产品陈列在竞争品牌旁边，就能一目了然地将自身价值优势突显而出。尽管价格标签很小，看起来不起眼，然而我们可不能小觑它，想要将消费者拉到自己旗下，这可是最后的机会。

2. 借特色优势

提到可乐，我们往往会想到百事可乐或者可口可乐，不过，市场上并非只有这两种可乐。市面上有一种可乐（此处用 A 可乐代称），有着明确的定位，并未将百事可乐、可口可乐这样的"巨人"作为自己的竞争对手，而是将二级可乐品牌作为竞争对手。这种产品具有自身特色，即富含维生素。因此，该企业将卖场陈列策略制订如下：与百事可乐、可口可乐远远隔开，与其他可乐紧贴，醒目地展示出 POP 广告：A 可乐，年轻健康的汽水！

显而易见，与竞争品牌紧贴，将自身产品所具有的优势和特色、个性突显而出，就能实现产品与产品之间的鲜明区分。如果消费者与这些可乐"擦肩而过"，就能被 A 可乐醒目的 POP 广告吸引，从而在对比中感受到 A 可乐所具有的强大优势。

3. 借自家产品优势

假如同类产品中，自己的产品线更长，依旧能够对"紧贴陈列"的策略加以采用，使得品牌优势更加突出。当自己的产品有着更为鲜明的优势时，应当采用紧贴的陈列策略，这就是"不怕不识货，就怕货比货"。紧贴的陈列策略，能够让消费者在购买时产生比较，从而对竞争品牌的相对弱势充分加以借助，实现自身优势的提升，做到"一边打压，一边提升"，这自然能够实现非常好的效果，在陈列中，这也是关键举措。

当然，企业要认识到，一种产品在与其竞品相比较时，将在促销、包装、品种、性能、价格等方面产生诸多优势。因此，不仅要树立"紧跟意识"，更要在陈列中充分提炼区隔竞品的优势，并向消费者简单明了地告知这种优势。

（四）借顾客之势引导

1. 购买行为

企业应当对消费者的购买行为进行观察与分析，找出规律、借势营销，如此获得的效果或许会出乎意料。举个很简单的例子，某家超市曾经发现这样一种现象：啤酒的销售额增幅和尿不湿非常相似，二者几乎有着完全吻合的曲线，以及一致的发生时段。在一番调查、分析后，人们才恍然大悟，原来很多年轻父亲被妻子要求出来买尿不湿，而他们往往都有喝啤酒的习惯，于是会顺手在超市买一些啤酒回家。最后，超市直接将啤酒陈列在尿不湿旁边，这便是典型的借顾客购买行为之势的营销案例。

2. 购买习惯

立足消费者购买习惯，与卖场某些陈列相结合，这种借势方式也是相当行之有效的。通过对消费者购买习惯进行总结，我们能够发现一定规律。例如，卖场靠近入口、出口的通道，有着最多的人流，这就是在卖场中消费者行走购物的规律，因此卖场完全可以把握这一规律对商品进行陈列。只要我们仔细观察消费者的购买习惯，并对之科学分析，一定能找到其中的"奥秘"。

3. 购买心理

消费者的购买心理也值得把握。举例而言，一些私密物品，如内衣、内裤等，很多购买者都不会驻足很久、细细挑选，因为对于东方人而言，在这方面通常较为"羞怯"。有一个卖场就很"机智"，将一个小小的陈列柜设在收银通道旁边，将一些小商品（如口香糖、安全套等）放入陈列柜，如此，消费者就能在不经意间将有着较强私密性的商品带回家。

尽管消费者有着千奇百怪的心理，其中也是有一定规律的。在陈列口，我们可以利用如亲密性、安全感、尊重感等心理状态，如果运用得当，就能创造销售机会。

三、借势营销的误区

在借势营销方面，美国的企业有着越来越多的投入，同时其企业高层人士也日益对借势营销手段予以认同，对借势营销给予更多重视。

然而反观中国，并没有很多人能够对借势营销手段进行较好的运用，很多企业在借势营销过程中，往往只是在对资源、精力进行浪费，未能取得任何收获。

举例而言，在很多企业眼里，所谓"造势"，就是投放大量户外广告、电视广告、杂志广告、报纸广告、广播广告，开启"地毯式"狂轰滥炸，就是让各种传单、夹页、宣传册、宣传画满天飞。这样简单粗暴的造势方式，仅仅在浪费金钱与精力，还制造了大量"彩色垃圾"，增加了清洁人员的负担。也有很多企业认为，"借势"就是在各种各样的推广会、展销会、商品交易会甚至民间庙会上，打造出美女成行、锣鼓喧天的场面。更有企业大笔一挥不吝投入，让促销队伍中频频出现名人身影，现场大肆作秀，推动各种"借势""造势"活动直至"登峰造极"。

然而，实际上，上述"借势""造势"活动，并非智慧的竞争、营销策略方面的竞争，而是企业"财力"的竞争。部分财力不足、实力欠缺的企业，仿佛被"逼上梁山"一般，为了造势不得不举债，结果将"造势"演变为一场失去理智的"豪赌"。最终结果就是失败者片甲不留、胜利者遍体鳞伤。在这种"借势""造势"中，很多企业的"英雄好汉"纷纷倒下。

举例而言，当我们对一些新产品发布活动、楼盘销售活动或者商场开业活动进行观看时，不难发现，这些活动非常热闹，有着精彩纷呈的节目和热烈的场面，人气颇高。然而，只要稍稍深入思考，不难发现，这些活动形式并未有机结合于活动主题，简而言之，其形式并未服务于内容，观看者只是在看热闹，根本不懂活动有何主旨，有时还会闹出很多笑话，如观众只顾着哄抢礼品等。如此，非但难以获得预期宣传成效，更导致活动品位大大降低，甚至可能对企业品牌形象造成负面影响。

再如，部分服装厂家，尤其是内衣厂家，对路演活动特别重视，总是在商场外面或商场内部搭台，大搞时装秀。这虽然能够免费为观看者提供时装秀，吸引观看者的注意力，营造所谓的"人气"，然而，企业却未能意识到，这些观看者与目标消费者之间不能画等号。有很多真正的购买者参加了活动，却并不了解这些服饰的价位、材料甚至品牌，那么这样的活动实际便失去了应具备的意义。

很多企业只对短期行为予以重视，却忽视了长期营销战略规划。而如果企业未能制订长远企业战略，有着很大的随意性，那么一定会出现投入"打水漂"的问题。例如，企业花大价钱做路演、为晚会提供赞助，而活动本身却并未密切关联于企业及其产品宣传，那么"造势"的目的自然难以达成。

所以，企业一定要深刻认识到，任何借势营销最终都应令企业受益，绝不能做"一锤子买卖"，更不能盲目"撒钱"。企业要具备战略眼光，立足现在，着眼未来，围绕自己的目标与一定主题，对营销活动进行不断调整。

第三节　事件营销

一、事件营销的概念

事件营销是企业通过策划、组织和利用具有名人效应、新闻价值，以及社会影响的人物或事件，引起媒体、社会团体和消费者的兴趣与关注，以求提高企业或产品的知名度、美誉度，树立良好的品牌形象，并最终促成产品销售的手段和方式。简单地说，事件营销就是通过把握新闻的规律，制造具有新闻价值的事件，并通过具体的操作，让这一新闻事件得以传播，从而达到广告的效果。

20世纪90年代后期，互联网的飞速发展给事件营销带来了巨大契机。企业通过网络一个事件或者一个话题便可以更加轻松地进行传播和引起关注，成功的事件营销案例开始大量出现。

二、事件营销成功的要素

从本质来看，事件营销就是要让自己的策划变成"新闻"。因此，企业在分析事件营销成功的要素时，就要分析缘何一件平淡、普通的事能够变成新闻，还要分析新闻从发生到被采访，再到被编辑、被出版的整个过程。最后，让自己的策划能够将这一过程顺利完成。

事件营销如果想要取得成功，就要注意其自身的关键要素。企业要凭借精心策划，实现事件新闻性的增强，尽可能让记者、编辑少对内容进行删减。

（一）事件营销成功的四个关键要素

企业的公关人员或许常常面对如下情况：自己呕心沥血，尽全力对一项公关活动进行策划，准备好的新闻通稿都有数十页之多，甚至对各领域的新闻记者进行邀请。然而，次日，就在自己信心满满的时候，却发现无论是网络媒体还是传统纸媒，都只有寥寥几家媒体报道了自己策划的公关事件，更头痛的是，不仅这些报道没用多少笔墨，就连这些媒体也没什么影响力。部分报道甚至根本没用对自己准备的新闻通稿进行引用，或者只是对公关事件中一个很小的细节进行描述。

面对这种情况，有的公关人员在总结经验教训时，想当然地认为自己没有"打点好"媒体，或者没有很大的"面子"。实则不然，之所以造成这种局面，主要因为公关人员策划的公关事件，未能与新闻价值规律相符合。

一则新闻能否得到重视、被着重处理，关键在于其是否具有价值以及价值是大是小。而新闻价值的大小是由构成这条新闻的客观事实适应社会的某种需要的素质所决定的。成功的事件营销，离不开如下四要素，至少包含其中一个。当然，事件营销中囊括的下列要素越多，就有着越大的成功概率。

1. 重要性

所谓重要性，指的是事件内容的重要程度。而事件内容对社会产生影响的程度，则是对事件内容本身重要性进行判断的标准。通常而言，如果事件内容对越多的人产生越大的影响，其就有着越高的新闻价值。

2. 接近性

在地理上、利益上、心理上越接近于受众、相关于受众的事实，就有着越高的新闻价值。心理接近包括很多因素，如性别、年龄、职业等。例如，通常来说，人们对自己居住的地方、出生的地方以及留下很多幸福回忆的地方总是格外眷恋，在心中留有一份特别情感。因此，在对事件营销进行策划时，一定要对受众的接近性特点进行关注。一般而言，事件有着越为集中的关联点，愈发能引起人们注意。

3. 显著性

新闻中的事件、地点、人物有着越高的知名度，就拥有越大的新闻价值。例如，名胜古迹、知名人士、政府要员、国家元首等，通常都是出新闻的地方。

4. 趣味性

大部分受众都感兴趣于那些有人情味的、反常的、新奇的东西。有人提出，"好奇心"是人类与生俱来所拥有的，这也可被称为"新闻欲本能"。

总而言之，只要具备一个要素，事件的事实就能拥有一定的新闻价值，而具备越全面、越多的要素，就能拥有越大的新闻价值。如果一个新闻同时囊括上述要素，那么将具有相当大的新闻价值，将会受到所有新闻媒介争前恐后地追逐。

（二）策划者必须了解新闻损耗率

在加工新闻的过程中，满是偶然因素。在我们早上阅读的报纸上，并非能够呈现出所有新闻原材料，其原因在于新闻自身也有损耗。因此，策划事件营销时，我们也要对"新闻损耗率"有所了解，最大限度地降低该损耗。

1. 新闻法规的限制

众所周知，新闻一定是合法的。尽管有些事件新闻价值很大，然而却抵触新闻政策或法规，往往难以成为公开的新闻，或者在公开前会被删减掉一些"敏感"内容。

2. 新闻传播者的限制

对于新闻价值而言，新闻从业人员所具有的业务能力，高度影响着其实现情况。新闻价值的实现，往往受到新闻采编者知识修养、新闻敏感度、编辑技巧、写作能力等直接影响。

3. 新闻传播媒介的限制

新闻价值的实现，也受到新闻传播媒介的工作质量与技术水平的影响。无论是广播电视音像效果不佳，还是报纸印刷质量低劣，抑或是新闻编排未能得到妥善处理，都可能对受众理解新闻、接受新闻程度产生影响。

4. 新闻接受者的限制

在实现事件营销的过程中，新闻价值也会受到电视观众、广播听众、报刊读者接受理解能力及文化知识水平的影响。

三、善于运用自己的优势

事件营销的首要任务，就是对自己的产品定位乃至企业定位进行分析，确定其所具有的新闻价值是否充足。如果答案为肯定、能够充分激起公众好奇心，就要格外注意，因为此时自己的一切举动都可能变为新闻。当然，这也意味着，自己在对事件营销进行运作时，有着比别人高出太多的成功机会。

（一）运用优势的分析

当一个企业想开展事件营销时，"分析"是其要做的第一项工作。

企业要先对一个问题进行思考：自己本身能否引起媒介的充分关注？继而再思考一个问题：企业是否对某个领域进行代表，又是否与新闻媒介关注的方向具有一致性？

假如企业能够用"是"回答这两个问题，就能轻松地开展、推进、完成事件营销。不管自己做什么，只要选择并利用合适的媒介发布信息，就能成功完成策划。

（二）运用优势的关键点

1. 事件营销要与企业形象保持一致

大企业想要将一个事件制造出来，使之变为新闻，是较为轻松简单的，这也导致他们常常犯下一个错误，那就是在公关策划时，总会对"是否与自己根本形象相符合"这一问题予以忽略，导致最后制造新闻只是为了"制造新闻"，未能达成应达成的根本目的。

2. 大企业必须谨小慎微

无论是企业的产品名声大噪，还是企业本身声名鹊起，都容易将记者的目光吸引过来。其原因在于，那些需要采写稿件完成本职工作的记者都明白，热门产品或者大企业容易出新闻。不过，我们也必须冷静下来，反向思考，如果一件事物很美好，此时它爆出一件大新闻，那么新闻内容很可能就是它不再美好。同理可知，对于名声在外的产品或企业来说，发生在它们身上最大的新闻，或许就是该产品、该企业并不如人们想象得那样好。

171

3. 有选择地向媒体透露信息

在企业公关事务中，与媒体保持良好的信息沟通是一项非常关键、重要的工作。从新闻视角分析，一个大的企业，它所掌握的数字，往往就是广大的人群所希望知道的，同时也具有新闻的价值。假如媒体上能够经常出现某一企业的身影（且是正面形象），那么一段时间之后，人们也会自然而然地对他们更加信赖。

四、事件营销的两种模式

（一）借力模式

将组织的议题尽可能靠拢于社会热点，继而将公众对热点话题的关注转变为对组织议题的关注，这便是"借力模式"。如果我们想让借力模式取得理想成效，就要对如下原则加以遵循。

1. 相关性

所谓"相关性"，指的是社会议题一定要紧密相关于组织的自身发展，以及组织的目标受众。最具代表性就是爱国者赞助《大国崛起》启动全国营销风暴。《大国崛起》将视线集中在各国"崛起"的历史阶段，追寻它们成为世界大国的足迹，探究其"崛起"的主要原因，对于中国的崛起有着深远的启示。

而中央台播出的每集节目出现的"爱国者特约，大国崛起"的字幕，同时画外音道白"全球爱国者为中国经济助力、为国家崛起奋进！"，震憾了每一个中华民族的拥护者，也极大地提升了爱国者的品牌形象。

2. 可控性

所谓"可控性"，指的是这种"借力"处于组织的控制范围内，假如脱离了组织的控制，那么将很难达到期望成效。

3. 系统性

所谓"系统性"，指的是当组织对热点话题进行借助时，一定要策划一系列与之配套的公共关系策略，并确保落实，且将多种手段整合起来，实现一个结合、一个转化。

（二）主动模式

组织对一些与自身发展需要相结合的议题进行设置，经过传播，令其变为被公众关注的公共热点，这便是"主动模式"。实施主动模式一定要对如下原则进行遵循。

1. 创新性

组织要设置有亮点的话题，如若不然，将很难博得公众关注。

2. 公共性

组织一定要注意，要设置公众关注的话题，防止出现"自言自语"的尴尬情况。

3. 互惠性

组织如果想让自己设置的话题得到公众的长期关注，一定要注重"互惠性"，也就是实现自己与消费者的"双赢"。

五、事件营销的运作方式

事件营销一定要明确切入点，那便是"消费者最关心之事"，如此方能将营销目标实现。

（一）借势策略

这里所说的"借势"，就是企业将广受关注的人物、事件、社会新闻等及时把握住，与产品或企业在传播上想要达成的目的相结合，继而展开的一系列相关活动。

（二）明星策略

这里的"明星"，指的是大众主观愿望与社会发展需要相交合后产生的客观存在。依照马斯洛分析的人的心理需求学说，如果消费者在购买商品时，不再顾虑质量、价格，企业可以对明星的知名度进行利用，实现产品附加值的提升，从而依托于此，培养消费者对产品的联想与感情，让消费者更加追捧产品。

（三）体育策略

所谓"体育策略"，就是依托冠名、赞助等手段，利用所赞助的体育活动，对自己的品牌进行推广。现如今，越来越多的人开始关注体育活动，并参与其中，对于品牌而言，体育赛事无疑是非常好的广告载体。无限商机正孕育于体育之中。很多企业都已经意识到这一点，并行动起来，充分利用体育策略。

（四）新闻策略

所谓"新闻策略"，就是企业对社会上有着较广影响面、较大价值的新闻进行利用，恰到好处地将这些新闻联系于自身品牌，从而实现"借力发力"的传播效果。在这点上，海尔的做法堪称国内典范。在"7·13"申奥成功的第一时间，海尔在中央台投入 5 000 万元的祝贺广告随后播出。据说当夜，海尔集团的热线电话被消费者打爆，相信国人在多年后再回味这一历史喜悦时，肯定会同时想起曾经与他们一同分享成功的民族品牌的就是海尔。

（五）造势策略

这里所说的"造势"，主要指的是企业对富有新闻价值的事件进行策划、组织与制造，引起消费者、社会团体、媒体的关注与兴趣。

（六）舆论策略

通过合作于相关媒体，企业发表大量"软文"，对自身服务或产品进行宣传与介绍，凭借理性手段对自己进行传播。现如今，越来越多的企业已意识到"舆论策略"的作用。在各种媒体上，我们能够看到大版面、大范围的软性宣传文章。例如，在全国各大报刊媒体上，奥林匹克花园持续撰文，对自身"运动就在家门口"的销售主张进行宣传。

（七）活动策略

"活动策略"指的是，为对自己的产品进行推广，企业对一系列宣传活动加以策划、组织，引起消费者与媒体关注，最终实现传播自身的目标。

例如，百事可乐对巡回音乐演唱会这种活动方式予以采用。从 20 世纪

80 年代中期的迈克尔·杰克逊，到 20 世纪 90 年代的珍妮·杰克逊，以及拉丁王子瑞奇·马丁，再到中国香港的郭富城、王菲，百事可乐不断借助音乐对话目标消费群体，对百事营销理念与百事文化进行传达。

六、事件营销的切入点

一般来说，可以将事件营销的切入点归结为"危机""聚焦""公益"这三类，而这些也都是消费者非常关心的，不仅新闻价值很高，也具有较强的社会影响力和较高的传播价值。

（一）支持公益活动

"公益切入点"，指的是企业通过支持公益活动，引发人们广泛注意，将良好企业形象树立起来，实现消费者对企业品牌认知度的提升，也实现企业品牌美誉度的增强。

伴随社会不断发展、进步，人们愈发关注公益事件。所以，"支持公益活动"，实际上蕴含着巨大的广告价值。

例如，2003 年，国内"非典"肆虐时，很多企业通过活动、广告、捐助等形式，各施所长，充分体现了自身的社会责任感，行之有效地实现了企业及自身产品美誉度、知名度的提升。

（二）"搭车"聚焦事件

"聚焦事件"中的"事件"，指的是广受消费者关注的热点事件。企业可以将这些事件及时抓住，予以聚焦，并与企业销售目的或传播目的相结合，展开一系列营销活动，如主题公关、广告投放、新闻"搭车"等。

现如今，由于硬性广告宣传推广有着越来越低的公信力，许多企业都开始将目光投向有着较强公信力的新闻媒体，对软性宣传推广手段进行开发（如新闻报道等）。

就"聚焦事件"而言，企业在开展营销活动时，可以将"体育事件"作为非常重要的切入点。企业可以依托如下手段对新闻事件进行制造，如利用比赛结果的未知性举办竞猜活动、与运动员联合举办公益活动、对赞助信息进行发布等。因为公众非常好奇运动员与体育竞赛，对之有着浓厚的兴趣，往往也会对参与其中的企业品牌予以更多关注。除此之外，对于自己支持的运动员、体育队，公众容易表露出较为一致的情感，如果企业能对这种情感进行捕捉与准确把握，顺势参与进来，就能够轻松赢得这部分公众的喜爱与支持。

（三）危机公关

众所周知，商业环境并非一成不变，而是波诡云谲、变幻莫测的，企业身处其中，无时无刻不面对难以预料的风险。不过，假如企业能够在遭遇风险时及时开展行之有效的危机公关，就能"转危为安"，不仅不会遭受危机事件的负面影响，反而会收获正面广告效果。

通常而言，企业自身的危机和社会危机是企业主要面临的两方面危机。所谓企业危机，指的是企业因种种因素（如外界特殊事件、同业竞争、管理不善等）遭遇生存危机；所谓社会危机，指的是疾病、自然灾害等对人类生存、社会安全产生危害的重大突发性事件。所以，我们可以用"自身危机公关"和"社会危机公关"对企业的危机公关进行划分。

如果社会中突发重大危机，企业可以借助"支持公益"的方式，将自身良好社会形象树立起来，此处前文中已进行论述，不再赘言。除此之外，对于部分特定企业而言，社会危机也会将特定的广告宣传机会带给他们。举例而言，在"非典"期间，生产家庭卫生用品的威露士就对良好卫生习惯的重要性展开大力宣传，人们的消费观念也被改变，开始养成使用洗手液的习惯，洗手液市场也就此打开。又如，当人们突逢自然灾害时，手机就成为他们求助、联络于外界的重要工具。因此，中国移动也修改了自己的广告词，宣传"打通一个电话，能挽回的最高价值是人的生命"，而其高品质的网络也得到了人们的认可与信赖。

如前所述，企业由于外界特殊事件、同业竞争或自身管理不善，很可能陷入生存危机之中，面对这种境况，企业唯有积极自救，采取一系列行动，从而恢复形象、消除影响。具体来说，企业应当诚实、恳切地回应公众与媒体，将真实情况告知公众，从而将企业的信誉挽回，尽可能地减少企业损失。如果可以，企业也要尽全力摆脱被动状态，争取主动权，借势造势，对企业形象进一步塑造与宣传。

七、事件营销的风险

我们必须认识到，凡事有利有弊，事件营销也不例外，甚至可以说是一把"双刃剑"。尽管事件营销能够通过短、平、快方式，将巨大的关注度带给企业，但稍不留意，就可能适得其反。也就是说，尽管企业或其产品确实"扩大"了知名度，然而扩大的却是负面评价，而非美誉度。

（一）事件营销切入点的风险

可以根据"可控度"对上述事件营销中的切入点进行排序，从小到大依次为危机、聚焦和公益。需要注意的是，越低的可控度，意味着越高的影响度。简单来说，就是承担越大的风险，就会有着越好的营销效果。

对于企业来说，参与公益事件时，处于主动地位，风险是几乎不存在的。聚焦事件的主要风险为，企业及其产品的战略发展，难以与营销活动相融合，甚至其长远的战略形象会被营销活动破坏。举例而言，部分企业开展体育营销时，仅仅采用抽奖这种单调手段，显然不符合企业与自身产品形象，导致无法收获理想成效。危机事件尽管最为"吸睛"，但是也有着最大的风险，尤其当企业对自身危机进行处理时，更应提高警惕、谨慎小心。在进行危机公关时，如果企业无法对媒体风向进行有效控制，很可能面临公众质疑、招致公众反感，如此，不仅难以取得预期营销效果，其生存危机反而会被加重。

（二）事件营销的风险控制

事件营销中，既有风险，也有利益，所以，要同时懂得"避其害""取其利"。面对风险项目，第一步就是评估风险，在控制风险时，这一步也是前提与基础条件。在评估完风险后，就能明确风险等级，并基于此将相应的防范机制建立起来。在正式开展事件营销后，也不能松懈大意，要从实际情况出发，持续对最初的风险评估进行修正、调整，对风险检测内容进行补充，采取相应措施对风险加以化解，直至最终结束。

参考文献

[1] 彭石普，梁若冰. 市场营销能力基础［M］. 北京：北京邮电大学出版社，2008.

[2] 王春兰. 市场营销原理分析与能力训练［M］. 上海：上海交通大学出版社，2013.

[3] 李胜，李媛媛. 市场营销类岗位能力分级模型［M］. 北京：北京师范大学出版社，2018.

[4] 王睿智. 营销能力、营销探索与营销开发战略对市场适应性的影响机制研究［M］. 北京：中国经济出版社，2017.

[5] 刘厚钧. 高职高专能力导向市场营销学科规划教材食品企业管理［M］. 北京：电子工业出版社，2018.

[6] 黄映纯. 市场营销策略创新［J］. 卷宗，2021（20）：238.

[7] 关雨生. ZARA 的市场营销研究［J］. 商情，2021（9）：80.

[8] 朱卫琪. 区域市场营销与企业市场营销的关系思考［J］. 知识经济，2022（22）：24-26.

[9] 朱卫琪. 区域市场营销与企业市场营销的关系思考［J］. 知识经济，2022（15）：24-26.

[10] 何昕，古康乐，周梓杨. 企业市场营销战略创新［J］. 消费导刊，2022（19）：135-138.

[11] 张静. 市场营销：促进产品买卖［J］. 考试与招生，2022（6）：128-129.

[12] 程慧芳. 浅析市场营销专业《市场营销学》课程诊改［J］. 前卫，2022（5）：85-87.

[13] 朱素英. 浅谈市场营销的发展趋势与市场营销创新对策［J］. 现代营销

（上），2022（2）：132-134.

[14] 朱素英. 浅谈市场营销的发展趋势与市场营销创新对策 [J]. 现代营销（经营版），2022（2）：132-134.

[15] 邵丹红. 浅谈网络时代的市场营销 [J] 中外企业家，2022（6）：118-120.

[16] 刘宇昕. 房地产市场营销管理 [J]. 四川建材，2022（1）：53-54.

[17] 汪淼鑫. 企业市场营销管理与创新 [J]. 营销界，2022（2）：52-54.

[18] 欧阳美玲. 市场营销理论 [J]. 卷宗，2020（24）：213.

[19] 范艳丽. 企业的市场营销管理 [J]. 区域治理，2020（30）：237-238.

[20] 邓岚. 中职市场营销教学 [J]. 商品与质量，2020（45）：261.

[21] 梁海青. 机床市场营销策略研究 [J]. 成功营销，2021（2）：117-118.

[22] 王磊. 公司海外市场营销策略 [J]. 国际公关，2021（24）：111-112.

[23] 李仕林. 企业市场营销及区域市场营销研究 [J]. 经济管理文摘，2019（12）：193-194.

[24] 李世伟. 浅析区域市场营销与企业市场营销的关系 [J]. 财讯，2021（9）：163.

[25] 吴丽娟. 中职市场营销教学探究 [J]. 环球市场，2021（28）：278-279.

[26] 张珑文. 市场营销策略的对比研究 [J]. 成功营销，2021（6）：67-68.

[27] 何雯. 浅谈电梯市场营销工作 [J]. 中国应急管理科学，2021（3）：262.

[28] 刘兰凤. 市场营销渠道的冲突与管理 [J]. 消费导刊，2021（3）：58.

[29] 陈益平. 书籍装帧设计与市场营销 [J]. 艺术大观，2021（24）：65-66.

[30] 徐晶，曾镇坚，席振华. 华农酸奶市场营销策略 [J]. 合作经济与科技，2021（19）：96-97.